El espejo del cerebro

COLECCIÓN DE ENSAYO

La Huerta Grande

Nazareth Castellanos

El espejo del cerebro

La Huerta Grande
2025

Madrid, 15ª edición, julio 2025

EDITA: La Huerta Grande Editorial

Serrano, 6. 28001 Madrid

www.lahuertagrande.com

ISBN: 978-84-18657-63-4

D. L.: M-17194-2024

Diseño cubierta: Editorial La Huerta Grande según idea original de Tresbien Comunicación

Imprime: Gracel Asociados, C. Valgrande, 15. 28108 Alcobendas, Madrid

Impreso en España/*Printed in Spain*

A mi sobrino Mateo,
por regalarme el presente.

ÍNDICE

El espejo del cerebro

Nota de la editora 11

Prólogo de la autora 15

1 Saborear la palabra 21

2 El cerebro de Don Santiago 27

3 Atender al presente-mindfulness 49

4 La atención, un paso al frente 55

5 El espejo del cerebro 65

6 Mucho ruido y pocas nueces 75

7 Meditando en el laboratorio 83

8 Espectador y actor de la emoción 87

9 Espejo y libertad 101

Bibliografía 113

NOTA DE LA EDITORA

Hace cuatro años entró por la puerta de la editorial una mujer desconocida que, como ese esparcimiento de centellas de los cuentos de mi infancia, hizo que aquella mañana todo brillara en el despacho.

Nazareth Castellanos acababa de regresar a España después de haber trabajado como investigadora durante varios años fuera de su país. Sentía, nos dijo, que llegaba el momento de asentar el fruto de su estudio y de poner sus conocimientos a disposición de quienes no frecuentamos los entornos científicos. Me contó que su investigación desde la neurociencia la había llevado por caminos *alternativos* y que, animada por intereses y estudios paralelos, había abierto una vía de trabajo que en el terreno de la neurociencia quedará ya ligada, y parece que para siempre, al vasto y no tan conocido terreno de la meditación y del cuerpo.

Quería contarnos el fruto de su investigación en un tono íntimo y alejado de los discursos formales y de los *papers* académicos. Tenía ganas de *divulgar*: «Decir y enseñar» tal como lo define la RAE; «Diseñar cómo hablar y saborear a la vez», nos dice ella en el primer capítulo de *El espejo del cerebro*. En definitiva, quería compartir su saber de un modo que fuera asequible para quienes tenemos apenas unas nociones básicas de medicina, neurología o biología.

Pasados unos minutos de charla tuve la sensación de que la conocía desde hacía tiempo, así de fácil resulta estar con ella. Hablamos de ese proyecto de escritura en ciernes que de inmediato me cautivó, de lo que estaba por venir con los avances que en cierta forma están revolucionando el estudio de la neurociencia, de la importancia de *estar bien*, algo manifiestamente fácil de decir pero no tan fácil de lograr. Y hablamos de baile también, una de mis grandes pasiones, y algo que ha terminado por unirnos más. Desde que me contó las bondades que la danza puede aportarnos, bailo con mayor sensación de estar nutriendo a mi cuerpo y a mi espíritu.

Cuando terminé de leer y de corregir para su publicación este ensayo, *El espejo del cerebro*, le dije que su lectura me había gustado tanto que quería más. Como era de esperar, Nazareth Castellanos ha seguido escribiendo y ampliando su campo de estudio y nos ha dado más. Recomiendo aquí a los lectores que no lo hayan leído aún, su libro *Neurociencia del cuerpo, cómo el organismo esculpe el cerebro*, editado por Kairós. Y es que desde hace un tiempo Nazareth ha asumido con grandeza la labor de la sabia generosa, que no es otra que la de compartir su conocimiento, y lo hace con una entrega que extenuaría a cualquiera. Pero lo suyo es hacer lo que sabe hacer con pasión. Y su energía no deja de sorprenderme.

Han pasado casi cuatro años de la primera edición de *El espejo del cerebro* y hoy aquella divulgadora científica se ha convertido en un fenómeno social. Pese a su éxito, o quién sabe si todavía más gracias a él, ella sigue centelleando. Con ganas de *enseñar y de decir* como demuestran su frenética actividad y su generosidad.

Cuando creamos la editorial dejamos escrito, a modo de declaración de intenciones: «Nos importa cuidar la sociedad en la que vivimos y creemos que una sociedad más sabia es una sociedad mejor. Queremos divulgar el conocimiento y fomentar el pensamiento». Ha sido maravilloso ver que gracias a este ensayo se ha ampliado el número de lectores y de personas que nos hemos podido acercar a la neurociencia como camino de conocimiento y de aprendizaje, algo cuyos beneficios, estamos seguros, repercuten en la sociedad. Así que podemos decir con orgullo que resulta alentador ver que, pasado el tiempo, con este ensayo de Nazareth Castellanos y con los demás títulos y autores con los que comparte colección, se cumplen aquellos deseos iniciales de este proyecto editorial que si en algo se parece a la autora de este ensayo es en la pasión puesta en el empeño.

Philippine González-Camino

«Cuando adoptamos una visión general del maravilloso flujo de nuestra conciencia, lo primero que nos sorprende es el variado ritmo de sus partes. Como la vida de un pájaro, parece una alternancia de vuelos y posados. El ritmo del lenguaje expresa esto, donde cada pensamiento se expresa en una oración y cada oración se cierra con un punto. Los lugares de descanso suelen estar ocupados por imaginaciones sensoriales de algún tipo, cuya peculiaridad es que pueden mantenerse ante la mente durante un tiempo indefinido y contemplarse sin cambiar. Los lugares de fuga están llenos de pensamientos sobre relaciones, estáticas o dinámicas, que en su mayor parte se dan entre las materias contempladas en los períodos de descanso comparativo»

Principios de Psicología, William James (1890)

Hace cuatros años se publicaba por primera vez *El espejo del cerebro*, un texto que recogía los experimentos científicos que muestran los cambios cerebrales que produce la práctica regular de la meditación. Con profundo agradecimiento, la editorial La Huerta Grande y yo hemos recibido el reconocimiento y cariño de miles de lectores para los que este libro ha sido una invitación a acercarse a uno mismo, de la mano de la biología científica, pero al fin y al cabo era una propuesta para el encuentro íntimo.

Hace falta coraje para recogerse. Blaise Pascal, físico, filósofo y para algunos místico del siglo XVII, escribe en sus pensamientos: «Nada más insoportable al hombre que vivir en pleno reposo, sin pasiones, sin quehaceres, sin diversiones, sin nada en que ocuparse. Entonces siente su nada, su abandono, su insuficiencia, su dependencia, su impotencia, su vacío». La resistencia a la práctica de la meditación toma muchas caras, los conocidos obstáculos como la pereza, la impaciencia la somnolencia o la falta de motivación. Todos ellos se basan en el sistema de prioridades que también tiene su asiento en el cerebro. La tenacidad se define como la capacidad de generar y mantener la excitación internamente, mientras que la perseverancia sería el mantenimiento del esfuerzo sobre el tiempo. Ambas son lo contrario a la apatía, según el profesor Le Heron.

Diferentes modelos neuronales sitúan a la corteza cingulada anterior como el área más involucrada en la tenacidad y la perseverancia. No tanto porque ayude a sostener la ejecución de una tarea, eso lo haría la corteza frontal, sino porque establece qué es prioritario frente a qué. Para ello la corteza cingulada integra la información que recibe de la interocepción, es decir de las vísceras, con las sensaciones corporales. Dicha zona sopesa el coste neuronal previsto con las recompensas. Si predice una ganancia involucrará mayores recursos neuronales a la ejecución de la tarea en cuestión. Si el objetivo es dudoso no echará tanta leña al fuego. Esa es precisamente la finalidad, o el motor, de este libro de divulgación, hacer comprender por qué son importantes ciertos hábitos saludables. El peor paciente o alumno es el que obedece, decían ya en Grecia. El estudio siempre me ha convertido en una persona desobediente. Simplemente hago algo porque lo comprendo, y porque, de algún modo, soy capaz de predecir una ganancia.

Una de las áreas cerebrales a las que más atención hemos dedicado en este libro es precisamente la corteza cingulada anterior. Hemos contado cómo comienza su reorganización cerebral a los cinco días de comenzar la práctica formal de la meditación. Meditación definida como el ejercicio de atención plena durante el cual quien medita pone el foco de atención plena sobre sí mismo. Si la atención se asienta en la respiración, mejor. En ocho semanas ya se observan cambios anatómicos, que además se correlacionan con medidas de bienestar.

En los cuatro años de recorrido de este libro la población mundial ha experimentado un empeoramiento significativo en la calidad de la salud mental. La ansiedad, el estrés y la reducción del bienestar y la satisfacción afectan a la población general, desde adolescentes hasta adultos. En el mundo, el 25% de la población sufre algún trastorno de salud mental al menos una vez en la vida, el número de personas con depresión aumentó un 18,4% entre 2005 y 2015, y entre el 35% y el 50% de los pacientes de salud mental no reciben tratamiento alguno. Solo en España, el 6,7% de la población sufre ansiedad y/o depresión, siendo más acusada en mujeres (9,2%) que en hombres (4%). El 88% de los pacientes de salud mental son apoyados por asistentes informales, como familiares o amigos, siendo esta una potencial causa de recurrencia e inexactitud del diagnóstico.

La Organización Mundial de la Salud define la salud mental como «Un estado de bienestar en el cual los individuos son conscientes de sus propias capacidades, pudiendo afrontar las tensiones normales de la vida, trabajando de forma productiva y fructífera y siendo capaces de contribuir a la comunidad». Es decir, la salud mental se apoya en el bienestar. ¿Nos enseñan a estar bien? ¿Hemos dedicado suficiente tiempo y recursos a explorar y desarrollar el bienestar? Hay que ser agradecidos y reconocer que hemos avanzado mucho, pero también que queda por hacer.

Uno de los temas de mi investigación reside, precisamente, en defender que el encuentro con uno mismo es también parte del necesario bienestar. La proximidad es a la vez maestría, como dice el filósofo Josep Maria Esquirol. Para que la salud mental se sostenga debe tener raíces sólidas, profundas y bien nutridas. Debemos construir raíces sociales que nos ayuden a conciliar, a fomentar la comunicación y la comunidad, que nos formen como profesionales y como seres humanos y que nos inviten e instruyan a construir un firme bienestar. Aquí Pablo d'Ors, que amablemente escribió la reseña de este libro, me diría: «Nazareth, no sólo digas bien-estar. Di también bien-ser. Ser y estar bien».

Tienes razón Pablo.

Nazareth Castellanos, julio de 2024

1

SABOREAR LA PALABRA

En el barrio de Huertas, en el casco antiguo de Madrid, hay un espacio dedicado a la cultura persa, llamado Centro Persépolis. Además de la belleza de la artesanía iraní que envuelve sus paredes y vitrinas, se respira acogimiento, introspección, profundidad, y cariño. Mucho cariño. Este centro me ha dado alguno de los regalos más importantes de mi vida. Solía asistir a sus recitales de música, baile y poesía, que completaba siempre con un vino de Jerez en La Venencia, a pocos metros de allí. En uno de sus encuentros se recitaba a la poeta sufí del siglo XVIII Rabiah al-Baṣrī. Uno de sus versos arrojaba esta sabiduría: «el que habla miente, el que saborea conoce». Aquella estrofa caló en mí y me asomó al abismo. En aquellos años estaba deambulando por Madrid, sumergida en un tiempo sabático que me había tomado después de haber trabajado de investigadora en neurociencia en laboratorios de gran prestigio como el instituto Max Planck de Frankfurt o el King's College de Londres. Llevaba más de veinte años en la investigación científica y mi motivación se había derrumbado ese año al sentir que todo aquel conocimiento acumulado no me había enseñado a conocerme. Como expresaba Rabiah, yo sentía que en la investigación se habla mucho, pero se saborea poco. Entré en una crisis en la que me cuestionaba si tanta información había cegado el conocimiento. Pasé dos años debatiéndome entre Oriente y Occidente, entre el proceder científico y el contemplativo. Encontraba más consuelo en la mística que en los experimentos. Rechazaba la neurociencia pero no me alejaba de ella. Envidiaba a los compañeros que creían en el sistema y método científico, pero algo me decía que no era mi lugar. Cómo aprender a vivir entre dos mundos aparentemente opuestos pasó de ser una batalla a una aventura.

Cuando mis ahorros llegaban a su fin, el Centro Tibetano de Madrid, Thubten Dhargye Ling a donde acudía a meditar y donde fui cálidamente acogida, me pidió ayuda para gestionar en la universidad la visita del Dalai Lama. Ante semejante epopeya escribí a un profesor del que tan solo estaba al corriente de que impartía cursos de mindfulness en la Universidad Complutense de Madrid. Se llama Gustavo Diex y es el director de un instituto de formación e investigación de mindfulness llamado Nirakara. Una mente brillante, alguien capaz de caminar en el agua. Sentados en un café de Avenida de América comenzamos a hablar de neurociencia, sabedores ambos que las gestiones para invitar al Dalai Lama no iban a tener mucho recorrido en los pasillos del rectorado, a pesar de los esfuerzos realizados. Ambos queríamos investigar la mente. No sabíamos cómo, pero sabíamos que algo debía cambiar en los laboratorios. Meses después me incorporé a Nirakara Lab para dirigir un proyecto con el fin de investigar si meditamos con el cuerpo entero, no solo con el cerebro. Un año después, nuestro laboratorio fue reconocido como cátedra extraordinaria de Mindfulness y Ciencias Cognitivas de la Universidad Complutense de Madrid.

Fue mi vuelta a los laboratorios, a los números, a medir al milímetro lo inconmensurable, a analizar. Pero sobre todo fue empezar a diseñar cómo hablar y saborear a la vez. Investigar la meditación parecía un buen lienzo. Conocer las bases neuronales de la meditación me permitía aunar el conocimiento de la neurociencia con aquel que viene de las tradiciones contemplativas. Un diálogo entre los que hablan y los que saborean. La meditación y la contemplación siempre han ido de la mano, aunque meditar se asocie más a reflexionar y contemplar a mirar atentamente. Pero sobre todo, para mí, era la oportunidad de volver a la ciencia pero esta vez saboreando. Saborear la palabra. La meditación es un procedimiento complejo, difícil de definir, pero trata de la fabulosa capacidad de controlar voluntariamente la atención frente a las distracciones involuntarias. Es un baile donde lo consciente abraza y desenmascara al cautivador y escurridizo inconsciente. La meditación no es exclusiva de la tradición budista, hay evidencias de que se practicaba en todas las culturas de las que tenemos conocimiento. En la neurociencia de la meditación no solo se estudia la respuesta del cerebro ante la práctica de la meditación, sino que se evidencia además el papel que tiene la mente en la transformación del cuerpo. Quizás, lo que más me atraía del estudio científico de la meditación era poder ver en el laboratorio de qué modo el ejercicio que consiste en observarse uno mismo hace cambiar aquello que se observa. Nunca he concebido la meditación como una técnica exclusiva de una cultura o como un método, sino como una capacidad intrínseca de los seres humanos. Observarse a sí mismos. Y observar el mundo que nos rodea. Vivir con consciencia el momento presente no parece ser una técnica propia de una escuela, sino una propiedad de la vida. Propiedad que no siempre usamos cuanto deberíamos.

Poco tiempo después de mi vuelta a los laboratorios recibí la llamada de una mujer con una energía cautivadora, una de esas personas que con su labor hacen el mundo más humano. Era Cristina Alonso, la directora del Instituto de Humanidades Francesco Petrarca de Madrid. Me ofrecía dar cursos de neurociencia a un público no técnico, a divulgar lo que encuentra la ciencia que estudia el cerebro. Era el reto que necesitaba. Aprender a destilar la esencia de lo que aporta la ciencia fue sanador para mí. Como dice el físico Feyman, cuando uno da clases el que más aprende es el profesor. Además de lo mucho que me divierte dar clases, cada día descubro nuevas caras a la ciencia. Entendía por qué el divulgador y científico Facundo Manes dice que conocer el cerebro nos ayuda a vivir mejor. Me sorprendía la cantidad de información valiosa que esconden los artículos científicos debajo de su lenguaje técnico, y puramente descriptivo. Y cuando uno extrae esa esencia es casi imposible no recurrir a la filosofía, a la historia, al arte, a la literatura, y a sentir el cuerpo. ¡Qué pena haber separado la ciencia de las humanidades!

Los laboratorios son hoy lugares más centrados en la metodología que en el objeto de estudio. En un viaje a Florencia pude visitar la Basílica de la Santa Cruz, donde está la tumba de Galileo. Célebre por contradecir las teorías vigentes, es considerado por muchos como uno de los padres de la ciencia moderna. En su exhumación, en el año 1737, se tomaron dos dedos y un diente como reliquia. Su dedo hoy pertenece a la exposición permanente del Museo de Historia de la Ciencia de la Universidad de Padua donde ejerció de profesor. Siempre me hizo gracia que lo que se conserve de Galileo, el representante de la ciencia exacta, sea su dedo, ya que la ilusoria objetividad que se persigue nos hace ver más el dedo que la luna que señalamos.

Este libro recoge los estudios científicos que considero más relevantes sobre la neurociencia de la meditación y es una invitación a recorrer los mecanismos neuronales de la atención y de la emoción. Iremos descubriendo cómo es el cerebro, su tendencia a esconderse del presente, su dependencia de los hábitos, su habilidad para seleccionar un pensamiento frente a otro, su resignación ante la emoción pero sobre todo veremos su capacidad de convertirse en un espejo de sí mismo. Este libro pretende plasmar mi voluntad de transmitir y vivir la neurociencia desde una perspectiva más humana, que abarque el estudio de algo tan complejo como la mente no solo desde lo técnico, sino desde un mundo multidimensional que englobe las ciencias y la inspiración desde lo humanista. Pero es un recorrido que haremos principalmente de la mano de la neurociencia, por ser la farola más cercana que tengo.

Nasrudin es el Sancho Panza de la cultura persa. Cierta noche estaba Nasrudin bajo una farola buscando con inquietud. Un vecino le preguntó qué estaba haciendo. «Busco mis llaves», contestó. Ambos se pusieron a buscarlas. Pasado un rato, el vecino exclamó que allí no había nada, y le preguntó: «Nasrudin, ¿has perdido aquí las llaves?». «No, pero es aquí donde hay luz», dijo Nasrudin.

2

EL CEREBRO DE DON SANTIAGO

A finales del siglo XIX el joven neurólogo y psiquiatra alemán, Hans Berger, recibió una carta que cambió el curso de la neurociencia. Acababa de comenzar el servicio militar como oficial y en una de las maniobras sufrió una aparatosa caída de caballo que le fracturó la pierna y casi le cuesta su movilidad. Días después, recibió una carta de su hermana en la que le relataba un inquietante presentimiento que describía su accidente tal y como había sido. A partir de ese momento el curioso Berger se obsesionó por la telepatía, y de vuelta a la clínica psiquiátrica de la Universidad de Jena se dedicó a intentar medir cómo el cerebro era capaz de transmitir la información a kilómetros de distancia. Sus esfuerzos por entender la telepatía dieron como fruto una de las técnicas que más ha permitido conocer cómo funciona el cerebro: la electroencefalografía (EEG). El perplejo doctor Berger diseñó un dispositivo de sencillos electrodos que, colocados en la cabeza sobre el cuero cabelludo, medían la electricidad que emana el cerebro. Hoy en día esa técnica se usa en cualquier laboratorio de neurociencia o en cualquier sección de neurofisiología de un hospital. Mide y pinta el campo eléctrico del encéfalo (por eso se llama electro-encéfalo-grafía). Es una técnica fundamental porque los campos eléctricos cerebrales son la base del funcionamiento del cerebro.

Para comprenderlo, iniciemos un viaje que va desde lo más pequeño (las neuronas) a lo más grande (el cerebro entero) y cuyo itinerario es el siguiente: cada neurona emite, de vez en cuando, una descarga de electricidad que se propaga por las carreteras que comunican a las neuronas del cerebro. La cantidad de electricidad emitida, dónde se produce en el cerebro y hasta dónde llega esa corriente de electricidad, nos permite conocer a qué se dedica cada zona del cerebro y cómo lo hace.

Comenzamos nuestro viaje en la Universidad de Valencia en el año 1905. En sus laboratorios de la facultad de Medicina trabajaba uno de los personajes más singulares y humanistas de la historia de la ciencia. Don Santiago Ramón y Cajal. Normalmente se le llama Ramón y Cajal pero a mi me gusta añadirle el "Don" (con mayúscula y que pronuncio siempre con mucho énfasis en las clases ante la risa de mis estudiantes) porque lo admiro y lo respeto, es el tipo de persona que necesitaríamos en nuestra sociedad, porque me entristece que en una encuesta realizada hace pocos años, solo el 7% de la población española sabía cuáles habían sido sus logros, y porque es vergonzoso que no contemos con un museo que honre su obra, su visión y su polifacética trayectoria. Don Santiago Ramón y Cajal nació en Navarra, en un pequeño pueblo llamado Petilla de Aragón, donde su padre trabajaba de médico y aprendía, enseñaba y disfrutaba de sus cuatro hijos. Resalto esto porque su infancia, rodeado de naturaleza, tranquilidad, y con la dedicación consciente de unos padres fue capaz de estimular su curiosidad, permitió que florecieran la creatividad y el ansia de conocimiento del genio. Ya en Valencia, como investigador en medicina, desarrolló una imparable pasión por descubrir el mundo a través de un microscopio. No solo observaba, también pintaba con grandes dotes artísticas todo aquello que veía. Recomiendo al lector buscar las imágenes de los dibujos que pintó. ¡Un deleite! En aquellos tiempos ya se sabía que el cerebro estaba formado por unas células llamadas neuronas. Puedo imaginar la emoción de Don Santiago al ver amplificada en el microscopio la imagen de una célula nerviosa y me atrevo a fantasear en cómo la describiría a sus discípulos, siempre pegados a su espalda y asombrados ante las semejanzas que Don Santiago hacía entre la botánica y la anatomía neuronal. Posiblemente diría, con esa voz navarra que le caracterizaba: «Queridos estudiantes, las neuronas que veo en el microscopio tienen un cuerpo parecido a una semilla, unas veces redondeados, otras piramidales, y otras ovaladas. A ese cuerpo le llamamos soma y de él salen unas ramitas que me recuerdan a la semilla cuando comienza a germinar. Observo dos tipos de ramas que salen del soma. A unas las llamaremos dendritas y representan los brazos por los que una neurona recibe las señales (bioquímicas) de las demás. A las otras las llamaremos axones, y representarán los extremos, o raíces, que permiten a una neurona mandar señales (bioquímicas) a las demás. Las neuronas dan y reciben, esa es la base del funcionamiento cerebral. A través de esas ramas, los axones y las dendritas, se transmite la electricidad por el cerebro. Lo importante del cerebro no es la unidad, las neuronas, sino la comunicación entre ellas. No es el árbol sino el bosque».

Hoy sabemos que nuestro cerebro tiene aproximadamente 86000 millones de neuronas y cada una es capaz de dar y recibir de miles de células. Estos datos, que tantas veces había leído, los pude visualizar en una exposición sobre los bosques en Finlandia. Una de las animaciones mostraba cómo sería la comunicación de las raíces de los miles de árboles que habitan los frondosos bosques de Europa del Norte. Se sabe que los árboles se comunican, se cuidan y compiten. A ello se le llama inteligencia vegetal. La maraña de raíces y ramas, todas conectadas por cientos de lugares a la vez, me hizo reflexionar sobre el concepto de individuo. Al ver un árbol desde el suelo parece un ser independiente, aislado, y único, pero al verlo desde debajo de la tierra o desde el cielo es parte de una red con todo. Lo mismo pasa en nuestro cerebro, la red de raíces que conectan a las neuronas no dejaría pasar la luz. Para sus experimentos Don Santiago escogía láminas de cerebros de embriones, y no de adultos, porque la densidad de raíces es mucho menor y esto le permitía poder distinguir mejor a las neuronas. Es más fácil estudiar los árboles en un bosque joven que en uno centenario. El ingenio del genio.

Las observaciones de Don Santiago y de otros muchos científicos permitieron definir la anatomía cerebral en la primera mitad del siglo XX pero había un debate sin resolver y que curiosamente se zanjó con los dos competidores como ganadores (o galardonados). Hasta entonces se sabía que las neuronas se comunican entre sí gracias a los axones y dendritas que les permiten dar y recibir, pero ¿se unían esas prolongaciones? Es decir, ¿se tocaban las neuronas? La pregunta no parece tener importancia, pero era fundamental. Si las neuronas se tocan (si están pegadas unas a otras), el cerebro sería una masa continua y no se podría hablar de las neuronas como la unidad que compone el cerebro sino como un tejido liso. En ese caso, el cerebro sería una masa densa por la que fluye la información. Una pared de ladrillos que forma una retícula. Esa era la teoría más aceptada en aquel momento, y se llamaba la teoría reticular. Pero si las neuronas no se tocaban, el cerebro sería una red compuesta de neuronas semejante a un denso bosque de árboles que se comunican por sus raíces y ramas. Esa teoría, defendida por Don Santiago, se llamaba la teoría neuronal. Aunque el dilema parezca a simple vista insignificante, aceptar una teoría u otra cambiaba completamente la concepción del cerebro y el estudio de cómo se transmite la electricidad. Las dos teorías llevaban a una comprensión del procesamiento de la información muy diferente. El debate estaba abierto, todos los esfuerzos técnicos y de ingenio al servicio del bosque neuronal.

La pista llegó de la mano de un italiano, el profesor Camillo Golgi, que en un intento de defender la teoría reticular descubrió una técnica que permitía pintar el cerebro. Al sumergir láminas de tejido cerebral en dicromato de potasio y nitrato de plata, las neuronas veían coloreados sus contornos. Cuando Don Santiago realizó estos experimentos con láminas cerebrales de embriones, pudo observar que las neuronas no se tocaban. Ganó el bosque formado por árboles, la teoría neuronal. Las neuronas se acercan mucho unas a otras, pero no se tocan. A este hueco de unos veinte nanómetros se le llamó sinapsis y es imprescindible para que la electricidad se propague por el cerebro.

Los descubrimientos de Don Santiago pasaron inadvertidos en España así que con sus ahorros personales viajó hasta Berlín para asistir al congreso de la Asociación Anatómica y allí con sus dibujos bajo el brazo mostró sus hallazgos ante la atónita y rendida mirada de la comunidad científica internacional. Fue su salto a la fama (internacional). Años después, un ministro de Alemania en una visita a España le preguntó a su homólogo español por Ramón y Cajal. Este se volvió a sus asesores y con cara de despistado preguntó quiénes eran Ramón y Cajal.

Si alguna vez, querido lector, le preguntan en una encuesta quién era Ramón y Cajal, le sugiero responder: Don Santiago Ramón y Cajal fue premio Nobel de Medicina por sus trabajos sobre la arquitectura del cerebro y además (esto ya es para nota) fue el máximo representante de la generación de sabios que enorgullecían al país. El premio Nobel fue compartido con Golgi por su descubrimiento de la tinción que permitió el estudio de la anatomía cerebral. Y como anécdota y para resaltar el carácter de caballero de Don Santiago, en el discurso de la ceremonia de los premios Nobel, el navarro halagó la trayectoria, tenacidad e ingenio de Golgi. Sin embargo, este respondió con un discurso lleno de resignación y censura a la teoría que habría de cambiar la neurociencia. Hasta sesenta años después de los descubrimientos de Don Santiago se siguió intentando defender la teoría reticular.

A partir de ese momento se concibió el cerebro como una red de neuronas que se comunican sin llegar a tocarse, que reciben y mandan información (bioquímica). Las bases de la neuroanatomía o arquitectura del cerebro estaban ya establecidas. La siguiente pregunta a la que se enfrentaron los neurocientíficos era la que explicaría cómo se descifra el modo de comunicarse de las neuronas, cómo funciona dicha red. No solo interesa el mapa de una ciudad sino su actividad. Hoy sabemos que los somas o cuerpos neuronales son capaces de generar electricidad mediante cambios químicos que suceden en las membranas de sus cuerpos. Imaginemos a la neurona como un cuerpo que en su interior alberga una cierta cantidad de electricidad que poco a poco va aumentando, es decir, se va cargando de electricidad debido a sus procesos internos y a la ayuda de las demás. Cuando esa electricidad alcanza un cierto umbral se produce lo que se llama potencial de acción o disparo neuronal. Es decir, de vez en cuando la neurona emite una descarga eléctrica, como un rayo que gracias a las técnicas de neuroimagen podríamos ver como los fuegos artificiales en el cielo. Cuando eso sucede, la descarga eléctrica se propaga por los axones de esa neurona y llega hasta la sinapsis, el hueco entre las neuronas. Allí hay unos sacos que contienen a los neurotransmisores, hormonas que se comportan como paquetes de información. Son las cartas que se mandan unas a otras. Cuando la neurona ha disparado un impulso eléctrico que se ha propagado por el axón, esos sacos se abren y se liberan los neurotransmisores a la sinapsis. En ese momento la neurona receptora abre sus compuertas y recibe esa carga bioquímica, que hará que su propia electricidad aumente o disminuya. Los neurotransmisores pueden activar a una neurona pero también deprimirla (inhibirla) y se conocen como las bases químicas del comportamiento. Cuando una neurona emite una descarga eléctrica la propaga a aquellas a las que está conectada favoreciendo que éstas también emitan descargas eléctricas. Es decir, intenta que las neuronas que forman parte de su equipo se sincronicen con ella, formando un coro. En este caso se usan neurotransmisores excitatorios. Pero también es importante que algunas neuronas del equipo no intervengan. No todas deben actuar en todo. La forma que tienen las neuronas de silenciar a otras es usando neurotransmisores inhibitorios, que al ser recibidos disminuyan la cantidad de electricidad de la neurona y por tanto su probabilidad de emitir una descarga eléctrica. La inhibición es fundamental para la buena salud del cerebro. Por tanto, los neurotransmisores son los mediadores de la propagación de la electricidad en el cerebro. No solo son semáforos que permiten o impiden pasar la electricidad, también son las cartas que se mandan las neuronas. Contienen información. Hay un neurotransmisor que brilla por sus bondades, la serotonina u hormona de la felicidad. Un déficit de esta molécula causa en nosotros episodios de depresión, falta de vitalidad y motivación. La sorpresa resultó ser que gran parte de la cantidad necesaria de este neurotransmisor se produce en el intestino. Impresionante.

Cuando estudiaba el tercer curso de la carrera de físicas mi madre llegó a casa con un recorte de una revista que se había llevado de la sala de espera del médico. Esta curiosa costumbre de mi curiosa madre, me llevó a interesarme por el cerebro. Aquellas hojas arrugadas y dobladas por muchas partes, imagino que para esconderlas bajo la camiseta o en la bota, contenían una entrevista al profesor Javier de Felipe. En ella decía que la neurociencia necesitaba físicos, ya que el estudio de cómo se propaga la electricidad era clave para entender el funcionamiento del cerebro. Hasta entonces nunca había pensado que las ecuaciones de Maxwell, la termodinámica o incluso la física cuántica podrían ayudar a estudiar la biología. Para mí fue revelador, se me abría un mundo fascinante. Ese campo aunaba aquello que más me había interesado, la mente y lo físico. Poco después, en el autobús que lleva al campus, un amigo me dijo que el departamento de neurociencia computacional necesitaba un ayudante que supiera físicas y matemáticas. Semanas después empecé a colaborar en aquel grupo. Meses más tarde publiqué mi primer artículo científico que, maravillas de la vida, estaba dirigido por Javier de Felipe. Todavía doy gracias por ello. Colaborar con el profesor de Felipe no es solo un prestigio profesional, es además un deleite motivacional. Considerado como un discípulo de Don Santiago Ramón y Cajal es un apasionado de la neuroanatomía, que como un niño te explica con pasión cuando vas a su laboratorio. Sus pasillos están forrados con las láminas que Don Santiago y sus ayudantes pintaron, con las primeras imágenes de las neuronas y las intuiciones más relumbrantes de la neurociencia. Además de ser uno de los científicos más prestigiosos a nivel nacional e internacional, es un activista volcado en una misión: lograr que el museo recoja la obra de nuestro único premio Nobel de medicina (Severo Ochoa también lo obtuvo pero el galardón lo recogió para Estados Unidos, país en el que desarrolló su carrera).

Así que el cerebro es como una red de por donde fluye la electricidad, que parece continua pero no lo es, que parece compuesta de unidades aisladas pero tremendamente conectadas, donde la distancia permite la unión, donde lo importante no es el individuo sino la conexión, donde la información pasa por todas partes pero no se queda en ninguna, y donde las funciones del cerebro están en todas las unidades y en ninguna a la vez.

Tomo estas palabras de los poemas de Kabir, poeta y místico indio del siglo XV, de esa bonita edición de Rabindranath Tagore: «Que la gota de agua se funde con el mar lo saben todos, que el mar está en la gota lo saben pocos». Don Santiago lo sabía.

Hasta ahora hemos visto que las neuronas se comunican entre sí, se mandan electricidad de unas a otras. Se mandan cartas. Poco a poco iremos descubriendo que esas cartas pueden estar escritas en diferentes idiomas que conocemos como ritmos neuronales. Las neuronas emiten las descargas eléctricas siguiendo patrones rítmicos, como marcapasos a diferentes velocidades. Los hay muy lentos y también muy rápidos. Las neuronas hablan idiomas, más bien los cantan. Imaginemos una neurona que pertenece a un área cerebral imprescindible para mover una mano. Si mi mano está quieta esa neurona dispara actividad eléctrica muy de vez en cuando, sin un patrón claro o bien definido. En el momento en que muevo mi mano, dicha neurona empezará a disparar electricidad, y decimos por tanto que esa neurona está involucrada con el movimiento. Cuando estaba realizando el doctorado, mis compañeros hacían experimentos en ratas para estudiar cómo las neuronas procesaban la información que le llega al animal desde sus patas. Es decir, estudiaban la percepción sensorial o cómo el cerebro da lugar a la sensación de que nos tocan. Para ello abrían el cráneo del animal anestesiado y utilizando mapas anatómicos, bajaban un electrodo por el cerebro hasta llegar a la zona más importante para las sensaciones táctiles. Una vez allí grabábamos qué hacen las neuronas para luego estudiarlo con métodos matemáticos. La tecnología era tal, que nos permitiría escuchar al cerebro. La electricidad se transformaba en sonido y ello nos ayudaba a entender mejor qué estaba sucediendo y facilitaba el experimento. Cuando el animal estaba en reposo y anestesiado, podíamos, sin necesidad de tocarle la pata, escuchar cómo las neuronas emitían descargas eléctricas; estas descargas no seguían un patrón claro. Un disparo por aquí, otro por allá. Pero cuando se tocaba la pata del animal, las neuronas empezaban a cantar como en un coro. Y lo hacían como un coro de percusionistas que toca el tambor a diferentes ritmos. En este caso el tambor tocaba unas treinta veces por segundo. Pasábamos de un silencio raramente interrumpido a una percusión rotunda y precisa. En ese caso decimos que esas neuronas responden al estímulo táctil. Si al tocar la pata del animal no escuchamos un cambio en el ritmo de disparos decimos que esa neurona o zona cerebral no está involucrada en el procesamiento de la información que estamos estudiando, en este caso la táctil. Esta sencilla metodología es la base de la neurociencia. Nos pasamos el día poniendo estímulos a los participantes, ya sean animales o personas, y vemos qué áreas del cerebro se activan o no. Así se permite localizar en el cerebro qué áreas o neuronas realizan una tarea u otra.

Es muy bonito observar que la respuesta neuronal sigue unos ritmos. En el cerebro se han identificado cinco idiomas (Delta, Theta, Alpha, Beta y Gamma), y lo maravilloso es que las neuronas pueden hablar entre sí en diferentes lenguajes simultáneamente. Las neuronas pueden hablar en un código morse de ritmos muy lentos. Por ejemplo, cuando nos estamos durmiendo, el cerebro empieza a hablar un idioma lento, tranquilo, empieza a bajar la actividad. Las personas con enfermedad de Alzheimer o daño cerebral tienen un cerebro donde predomina el lenguaje neuronal lento, llamado Delta o Theta y que corresponde a una tasa de entre uno y cuatro disparos eléctricos por segundo. Se dice que sus cerebros están enlentecidos. Las ondas lentas son necesarias, pero en exceso son patológicas. Cuando estamos inmersos en un proceso que requiere toda nuestra atención, un acto que nos exige ser plenamente conscientes de algo, o cuando memorizamos, las neuronas comienzan a descargar electricidad a un ritmo más alto, entre veinte y cincuenta veces por segundo. Son los llamados ritmos Beta y Gamma. Si hay un ritmo o idioma que predomina en el cerebro es el ritmo Alpha, unos diez impulsos eléctricos por segundo. Será clave para la meditación, para saber estar en quietud y hablaremos de él más adelante.

Cuando viví en Frankfurt, en mi etapa postdoctoral en el Instituto Max Planck, tuve la oportunidad de trabajar con uno de los padres de la neurociencia moderna, el profesor Wolf Singer. Sus descubrimientos permitieron descifrar los idiomas neuronales como base para la comunicación y procesamiento de la información en el cerebro. En Alemania, cuando trabajas en investigación tienes una serie de privilegios que se deben a un reconocimiento social. Entre otras cosas el instituto recibía habitualmente entradas para el auditorio de música. Cierto día mi compañera Isabella y yo fuimos a escuchar el Bolero de Ravel, dirigido por Barenboim. En el programa se citaban las palabras del propio Ravel describiendo la obra: «Es una danza en un movimiento muy moderado y constantemente uniforme, tanto por la melodía como por la armonía y el ritmo, este último marcado sin cesar por el tambor. El único elemento de diversidad es aportado por el *crescendo* orquestal». Para mí el Bolero es una de las mejores descripciones de la dinámica neuronal. Me maravilló ver a Barenboim disfrutar de ese *crescendo,* deleitarse ante un universo neuronal donde se despliegan diferentes ritmos y melodías para dar lugar a la belleza. La neurociencia intenta describir cada una de las partituras que componen la obra pero se asume que no hay director de orquesta.

En mi estancia en Frankfurt comencé a preguntarme quién era nuestro Barenboim, cómo conocerlo o al menos intuirlo. Semanas después viajé a Boston para participar en un evento organizado por la Universidad de Harvard y visité a mi prima Ariadna, una virtuosa del piano que estudiaba en una de las escuelas de música más prestigiosas del mundo. Le pregunté por qué era necesaria la figura del director si cada músico conocía su partitura. Su silencio y mirada me devolvieron a lo inconcebible de la pregunta. Siempre se necesita el intérprete. La neurociencia nos dice que percibir es siempre interpretar pero se obvia al intérprete. Buscaba al director de orquesta, o al menos pretendía que se hablara de él en los laboratorios. Fue para mí el principio del fin de la neurociencia como la había vivido hasta ese momento.

Hasta ahora hemos hablado de neuronas, las pequeñas unidades que forman el cerebro. Sin embargo cuando hacemos experimentos con seres humanos no podemos abrir el cráneo para estudiar qué hacen las neuronas. Debemos utilizar técnicas que sean no invasivas, es decir que midan la actividad del cerebro desde fuera. Las descargas eléctricas que emite una sola neurona son absolutamente imperceptibles desde el cuero cabelludo, así que lo que hacemos es medir la actividad de conjuntos de neuronas.

Veamos lo que en clase llamo El cerebro del Real Madrid. Yo viví mi infancia cerca del estadio de fútbol Santiago Bernabéu. Me encantaban los días de partido porque las calles colindantes se cerraban al tráfico y mis hermanas y yo podíamos pasear con la bici por la Castellana. "¡Las Castellanos por la Castellana!" solíamos entonar como grito de guerra al salir del garaje con las bicis. A veces nos acercábamos al estadio para ver el ambiente. Un día la afición estaba especialmente activa, se jugaba una final y los seguidores se entregaban a su equipo, dispuestos a responder ante cualquier hazaña de los jugadores. Exactamente como las neuronas de un cerebro ágil. Antes del comienzo del partido podía escucharse el murmullo atronador de miles de personas en un estadio. Se podía escuchar todo pero nada a la vez, solo griterío sin un patrón reconocible. Pero de repente salió un jugador al campo y la multitud gritó su nombre una y otra vez: «¡Raúl, Raúl, Raúl!». A mi madre le emocionaba. A mí me impresionaba ver que lo que pasa en el mundo pequeño se replica en el mediano y en el grande. Las neuronas seguidoras de un cierto estímulo cantan a la vez, se sincronizan. Y solo así podemos escuchar lo que está pasando dentro del cerebro humano y entender lo que dicen. Solo podemos escuchar el coro, no a los cantantes.

Cuando Hans Berger, el médico obsesionado con la telepatía, diseña una técnica que coloca electrodos alrededor del cráneo, estamos midiendo desde fuera del cerebro la actividad eléctrica de las diferentes áreas cerebrales. Es como colocar una red de micrófonos sobre el estadio Bernabéu y medir lo que dicen el fondo norte o el fondo sur. Pero para ello los componentes de cada grupo deben cantar a la vez. En el cerebro humano no son tan importantes las neuronas sino los grandes conjuntos neuronales. En los experimentos de neurociencia colocamos esa red de micrófonos sobre el cerebro, hacemos que las personas realicen unas tareas como recordar eventos, ver imágenes o meditar, y medimos qué hace cada zona del cerebro. Observamos dónde surgen los coros en las diferentes partes del cerebro. Algunas cantan y otras no. Decimos entonces que la zona del cerebro donde ha surgido un coro es una zona que se dedica a tal función. De esta forma se han podido localizar en el cerebro las zonas más involucradas en cada comportamiento o habilidad humana, siendo aquellas que responden sólo cuando realizamos dicha tarea.

Afortunadamente ya hemos abandonado la época en la que cada habilidad del comportamiento se localizaba en una región. Aunque seguimos localizando las zonas más relevantes para una habilidad, se habla más bien de redes cerebrales. Nunca un comportamiento involucra la actividad de una sola zona, siempre se requiere de una actividad coordinada de diferentes áreas cerebrales. Así como Don Santiago definió el cerebro como una red de neuronas separadas pero conectadas, hoy concebimos el cerebro como una red de áreas distinguibles pero conectadas.

Fruto de esa visión hemos conocido la anatomía funcional del cerebro. Una forma bastante intuitiva para explicárselo a los estudiantes consiste en dividir el cerebro en tres grandes bloques. La parte más profunda es la que corresponde al tronco del encéfalo que, como su nombre indica, es la base del cerebro. Es la más antigua en la evolución y a ella se le otorgan funciones como el control visceral o la regulación de los ciclos de vigilia y sueño. Sobre él, en una capa intermedia, está el cerebro límbico o emocional. Hablaremos de él más adelante, pero cabe destacar ahora algunas de sus zonas más relevantes y lo haremos siguiendo la neuroanatomía de la percepción. La información que nos llega por los receptores sensoriales, por ejemplo los ojos, se transforma en el lenguaje de la biología, la electricidad y a través de los correspondientes nervios, en este caso el nervio óptico, llega al tálamo. Este pequeño núcleo situado en las profundidades del cerebro actúa como receptor y distribuidor de la información. Aquello que llega de los ojos lo manda a los sistemas visuales, lo que llega de los oídos lo transfiere a los sistemas auditivos y así con todos los sentidos excepto el olfato. El tálamo es por tanto imprescindible para discriminar la información. Divide y vencerás. Debajo del tálamo está el hipotálamo, de ahí su nombre. Esta pequeña zona del tamaño de un cacahuete, a veces considerada un satélite o repetidor del tálamo, es una de las más importantes. Su actividad neuronal regula la respuesta del cuerpo, como la función sexual, el hambre, la sed, y la respuesta corporal ante la emoción. Y aquí viene uno de los grandes secretos del cerebro. Imagínese que está viendo una película y aparece una persona con un arma. Las ondas lumínicas de la televisión llegan a sus ojos instantáneamente. Sus ojos lo convierten en electricidad biológica que se transmite por el nervio óptico. Llegan al tálamo e hipotálamo unos setenta milisegundos después de haber sido recibidos por el ojo. Muy cerca del tálamo, en los sistemas límbicos están también el hipocampo y la amígdala. Hablaremos de ellos más adelante, de momento me gustaría resaltar que uno regula la memoria y la otra las emociones. Ellos reconocen el arma como peligrosa. En ese momento el hipotálamo responde y comienza una respuesta de alarma que se manifiesta en el cuerpo. Tensión muscular, escalofrío, cambio en la conductancia de la piel, aumento de la tasa cardiaca y respiratoria. Desde el tálamo la información sigue su recorrido y es procesada por la corteza visual y asociativa unos doscientos cincuenta milisegundos después. Un cuarto de segundo después de que la información haya llegado al ojo usted será consciente del arma y del peligro. Antes no. Pero a los setenta milisegundos su cuerpo ya ha respondido. La mente a veces tarda en darse cuenta de aquello que el cuerpo ya sabe, se puede interpretar de los trabajos del investigador Antonio Damasio. La consciencia de algo va después, la respuesta corporal se adelanta. Ante esto se suele preguntar, ¿mi cuerpo responde antes que yo? Pero ¿quién eres tú? ¿solo tu consciencia o también tus sensaciones corporales?, respondo yo. El tiempo es muy relativo, eso aprendí en físicas. Quizás no sea la comunicación sino la comunidad. Encima del sistema límbico está la corteza cerebral, tan estrecha como seis tarjetas de crédito. Como decíamos, es considerada hasta ahora la parte del cerebro que nos hace ser conscientes de la percepción. En ella se distinguen la corteza frontal, que ocupa la parte del cerebro debajo de la frente, las temporales a los lados, la central en la coronilla y la occipital en la parte de atrás. Irán saliendo a lo largo del libro e iremos familiarizándonos con ellas.

En la medicina tradicional china el cerebro no es considerado un órgano porque no genera energía, la recibe. Pese a representar solo el 2% del peso del cuerpo, utiliza el 20% de la energía. Cifra que llega hasta el 70% en los bebés recién nacidos. Considerando su pequeño volumen, el cerebro es el órgano que más energía consume del cuerpo. En el cerebro distinguimos la materia gris, que en realidad es rosa y representa los cuerpos neuronales, y la blanca que representa las fibras nerviosas. Se lo denomina gris porque es el tono que adquiere cuando analizamos un cerebro en la sala de disecciones, pero en vivo es de color rosáceo debido a la vascularización sanguínea. Una de las experiencias más emocionantes de mi carrera científica, eufórica para quienes me conocen, fue cuando tuve un cerebro por primera vez en mis manos. Fue en la facultad de medicina y ahí pude corroborar la famosa semejanza entre el cerebro *post mortem* y el tofu.

El objetivo del doctor Berger era poder demostrar la telepatía en humanos. Para ello diseñó un sistema de detectores de la electricidad cerebral. Sus descubrimientos le permitieron concluir que el campo eléctrico del cerebro no viaja más de un centímetro, así que no había explicación científica a la telepatía, gracias a la cual pudo comunicarse con su hermana. La ciencia, como cualquier otra forma de conocimiento, avanza cuando nos hacemos preguntas que en su momento parecen disparates. Las preguntas que aportan o complementan información o datos que ya habíamos aceptado, nos permiten avanzar mucho, no obstante, no hacen que cambien los paradigmas, no permiten un avance real que cambie los paradigmas. Berger se obsesionó con uno de los grandes misterios, la comunicación entre seres humanos; se le acusó de colaborar con los nazis en la investigación de nuevas formas de transmisión de la información y se hizo preguntas que en su momento fueron consideradas extravagancias pseudocientíficas. Su descubrimiento del EEG no le permitió mostrar la existencia de ondas eléctricas con una fantasmagórica acción a distancia, tal y como podría haber dicho Einstein, pero sus reflexiones sobre la relación entre los pulsos cardiacos, la respiración y el cerebro son hoy avances de primera línea en la investigación. En su momento fueron objeto de burla.

El desolado doctor Berger se suicidó ahorcándose en su clínica de psiquiatría. En la investigación hay quienes se obsesionan con dar respuesta a una pregunta, como el Doctor Berger, y quienes se maravillan con la pregunta, como Don Santiago.

3

ATENDER AL PRESENTE-MINDFULNESS

En el año 2015, la Universidad Complutense de Madrid organizó una conferencia impartida por el doctor John Kabat Zinn, un célebre profesor de medicina de la Universidad de Massachusetts y creador del programa de reducción del estrés basado en mindfulness. Es una de las personas que más ha contribuido a la popularización de la meditación en occidente, y lo hizo desde la ciencia. Aquella conferencia se celebró en la sala más amplia e importante de la universidad, la sala Ramón y Cajal, y asistieron el rector y cientos de personas, unas setecientas cincuenta lo hicieron de forma presencial y más de siete mil se conectaron para verlo desde sus pantallas. Fue tal su acogida que los pasillos de la universidad se llenaron de personas que decepcionadas protestaban por no tener un lugar en la sala. Se produjo algún que otro disturbio. Tuvieron que intervenir los guardias de seguridad. Yo me imaginaba los titulares en el periódico: «Meditadores se pelean en el campus por asistir a una conferencia».

Créanme que no es habitual que haya peleas por escuchar una conferencia de un científico. Y créanme que no es habitual que un investigador tenga tal recibimiento.

Definir qué es meditación es más difícil que practicarla. En este libro hablaré principalmente de la neurociencia de la meditación mindfulness traducida como atención plena, y por simplicidad solo tomaré como referencia las palabras de Kabat Zinn quien define la actitud mindfulness como aquella en la que se presta atención al momento presente sin juzgarlo. Una vuelta a casa que nos invita a saber estar con nosotros mismos.

Son muchas las veces que se ha recordado que meditar no es no hacer nada, sino relacionarse con la propia experiencia, intimar con nuestros estados mentales. Y, según observa la psicología científica, familiarizarnos con el propio ser nos produce bienestar. Sin embargo, en el año 2014 la Universidad de Harvard publicó un artículo en la prestigiosa revista científica Science que mostraba que la mayoría de las personas prefieren hacer cualquier tarea mundana antes que estar a solas consigo mismo. Pero el experimento reveló más detalles preocupantes: los participantes prefirieron generarse dolor físico antes que estar unos diez minutos a solas con sus pensamientos. Los autores de dicho trabajo comenzaban el artículo con una frase de John Milton que dice: «La mente es nuestra casa, y puede ser el infierno o el paraíso».

Parece que no sabemos estar con nosotros mismos, pero cuando aprendemos es una fuente de bienestar. Desde la neurociencia se observa que para "escapar" de nosotros mismos entramos en un estado semejante a la ensoñación, llamado red cerebral por defecto, en el que la conciencia queda adormecida, y nuestros pensamientos, sensaciones y emociones tienen un carácter más bien robótico, transitorio y fugaz. Se dice que estamos "en piloto automático", actuando sin dar cuenta de nuestros propios estados. Se calcula que estamos en ese estado la mitad del día. La misma Universidad de Harvard mostró que cuanto más tiempo pasemos en este estado de baja atención mayor es nuestra sensación de insatisfacción vital. El curioso experimento de Harvard mostró que no importa tanto lo que hagamos sino cómo de atentos lo hagamos. Hacer una tarea sin ser consciente de ella, sin dar cuenta del momento presente nos causa insatisfacción independientemente de la tarea a realizar. Si barres, barre. Si lees, lee. Si escribes, escribe. Si sufres, sufre y si disfrutas, disfruta. Pero hazlo, sé consciente, vívelo. Eso decía la estadística. Estas enseñanzas que parecen sacadas de cualquier libro del filósofo indio Jiddu Krishnamurti se derivan de un artículo científico publicado en Science. Una de las teorías científicas más avanzadas y sofisticadas sobre la consciencia es la "Teoría de la Información Integrada" que defiende el profesor Giulio Tononi de la Universidad de Wisconsin. Esta teoría pretende buscar los correlatos neuronales de la conciencia y establece que la conciencia oscila entre dos puntos: el hacer y el ser. Lo ideal sería un equilibrio dinámico entre ambos estados, pero parece que estamos más tiempo en el modo hacer que en el ser. Mucho ruido y pocas nueces, acuñó Shakespeare.

La tradición budista promueve la práctica de la atención plena como herramienta para "despertar" de ese estado de conciencia adormecido según el cual actuamos mayoritariamente bajo automatismos, sin darnos casi cuenta de lo que hacemos, pensamos, sentimos o decimos. En la sección Cittavagga del Dhammapada budista, se dice que, como un arquero endereza su flecha, así endereza el sabio su mente inestable y vacilante, la cual es difícil de dominar, difícil de vigilar. Aunque el budismo sea la escuela más popular, son muchas las tradiciones y personajes que han defendido estas prácticas para vivir en un estado más consciente y vivo. Una de las prácticas más habituales de meditación consiste en observar las sensaciones que nos produce la respiración. Meditar no es solamente respirar, consiste en llevar la atención sobre uno mismo.

Recuerdo que cuando diseñamos los experimentos de nuestro proyecto de investigación muchos se extrañaron de nuestro interés en medir los cerebros de personas que se dedican a observar su respiración. Para un científico, acostumbrado a estudiar el comportamiento, la atención sobre la nariz no despertaba la más mínima curiosidad. Sin embargo, promueve que surjan preguntas que podrían hacer tambalear los pilares de la neurociencia. ¿Quién observa a quién? ¿Quién es el que piensa que pienso? ¿Es lo mismo mente que conciencia?

El poema «Murallas», de Constantino Cavafis, evoca para mí la huida silenciosa por la que escapamos de la vida consciente. Desde la neurociencia, esa huida se encarna en la formación de redes neuronales que se activan por defecto, sin preguntarnos, sin dar pistas de su construcción y que una vez consolidadas nos apartan de la experiencia. El poema dice así:

> Sin consideración, sin piedad, sin recato
> grandes y altas murallas en torno mío construyeron.
> Y ahora estoy aquí y me desespero.
> Otra cosa no pienso: mi espíritu devora este destino;
> porque afuera muchas cosas tenía yo que hacer.
> Ah cuando los muros construían cómo no estuve atento.
> Pero nunca escuché ruido ni rumor de constructores.
> Imperceptiblemente fuera del mundo me encerraron.

4

LA ATENCIÓN, UN PASO AL FRENTE

Vivir el día a día de los primeros años de mi sobrino Mateo ha sido para mí la experiencia más intensa de eso a lo que me he referido como "vivir el momento presente". Estar con él era estar siempre en atención plena. De él aprendí a hacer lo que estaba haciendo o ser lo que estaba siendo. Con él me sentía absolutamente entregada a lo que hiciéramos, ya fuera bañarle, bailar o enseñarle los cubos de basura. Desde muy pequeño, Mateo tenía auténtica fascinación por los cubos grises con tapas naranjas que inundan las calles de Madrid por las tardes. Esa es otra enseñanza de los niños, la expresión pura de la subjetividad de la belleza, sin condicionantes. Cuando jugábamos, solo hacía eso, jugar. Mi mente estaba solamente solo en ello. Nunca nadie había atrapado tanto mi atención. «Cuantas veces había experimentado estar con alguien o haciendo algo pero con la mente de aquí a allá». Se puede estar presente estando ausente, e incluso pasarse así horas enteras, días, años e incluso una vida. Con él sentí la pureza de la experiencia frente al cumplimiento y saboreé los beneficios de la plenitud, de vivir el presente. Después de un día con él, había vivido. Había tomado posesión de mi mente durante aquellas horas. Había vivido con plena atención.

El estudio académico de la atención es tan frío como ilustrativo. Cuando leo cómo Luria o LaBerge definen la atención entiendo por qué mi amigo Álex Gómez, un físico y neurocientífico que quiere ser filósofo, define la ciencia como pornografía. Se describe cómo son los mecanismos, se dan definiciones cuadradas, frías y rudas. Recetas donde el sabor del plato no se describe, solo se busca una nutrición orgánica óptima o puramente intelectual. Un manual de Ikea rebosa más alma que un modelo psicobiológico. Ningún rastro de emoción, poesía, romanticismo, expresión o humanidad. Siempre he creído que tanta frialdad hace que el estudiante se separe de lo que está estudiando. Aleja al investigador de lo investigado, y ese es para mí uno de los grandes problemas de la ciencia actual. La soñada objetividad que se persigue tanto en ciencia tiene como precio separar al observador de lo observado, situarle en una posición desde donde uno podría pasear por el bosque sin ver leña para el fuego, que diría Goethe. Se pueden dedicar años enteros al estudio de la mente pero nunca se sentirá uno invitado a experimentarla, solo a analizarla. En esa trampa he caído yo muchos años. En protesta por tanta deshumanización no voy a referir las definiciones académicas de la atención. Solo citaré a William James, para quien la atención es la toma de posesión de la mente.

El libro budista *Milinda-pañjá* recoge un diálogo que tuvo lugar en uno de los encuentros entre el rey Menandro y el sabio Nagasena. Este dice así:

—¿Cuáles son las características propias de la atención y de la sabiduría?

—La una se define por la comprensión, la otra por la excisión.

—¿Cómo es posible? Ponme una comparación sabio Nagasena.

—¿Conoces los segadores, mahârâja?

—Los conozco.

—¿Cómo siegan la cebada?

—Con la mano izquierda sujetan un manojo de cebada y con la mano derecha, provista de una hoz, lo cortan.

—De igual modo, mahârâja, con la atención concentrada, el asceta unifica su espíritu, y con la sabiduría corta las pasiones. Por eso una se caracteriza por la comprensión y la otra por la excisión.

Iniciemos un viaje por la neurofisiología de la atención, que recorre el cerebro de abajo a arriba. Lo primero que debemos hacer para permanecer atentos es preparar la atención. Esto se origina en el tronco del encéfalo, en el tallo que sujeta nuestro cerebro, en la prolongación del cuello. Allí se encuentra el sistema activador reticular ascendente, también llamado Sara por sus siglas. Este sistema se encarga de activar aquellos núcleos del cerebro que después distribuirán la información de aquello a lo que estamos atendiendo a prácticamente toda la corteza cerebral. El lector lo puede visualizar como un fuego artificial que sale de la tierra y al llegar al cielo se despliega en una corona de luces. Este cañón de luces nos permite mantenernos alerta ante lo que estamos haciendo. Es también, por tanto, un sistema de vigilancia sobre el foco de la atención. Mantiene activos aquellos núcleos que procesan la información de lo que estamos atendiendo. Se ha comparado también con el ralentí de un coche. En esa estructura se encuentra uno de los núcleos más importantes para la atención, el *locus coerulus,* cuya función reconocerá pronto el lector experimentado en meditación o yoga. Esta pequeña estructura cerebral está involucrada en la red de espionaje que informa a nuestro cerebro de cómo estamos respirando. En el año 2017 la revista Science publicó un estudio en el que se mostraba que la respiración es capaz de moldear la memoria, la atención y la expresión de las emociones. En mis cursos de neurociencia de la meditación tengo como alumnos a muchos instructores y profesores de yoga que me miran sorprendidos cuando les cuento que este estudio fue muy revolucionario para la comunidad científica. Ellos lo sabían hace más de dos mil años, me dicen. Esto es un ejemplo de cómo la frialdad de la ciencia nos separa de aquello que estudiamos. Millones de investigadores en todo el mundo dedicando grandes esfuerzos a entender la cognición humana y solo hace pocos años alguien se plantea que la respiración puede ser un factor decisivo. Nadie se atrevió a hacer experimentos con su propia mente. La neurociencia debiera acercarnos a nosotros mismos, no alejarnos. Lo que mostraba ese estudio y los que llegaron después, es que la forma en la que estemos respirando es procesada por el cerebro para decidir la respuesta neuronal. Diversos experimentos han mostrado que la variación del número de respiraciones por minuto nos hace ser capaces de incrementar los recursos atencionales e incluso se puede llegar a saber la profundidad de la meditación teniendo en cuenta la respuesta del cerebro a la respiración. La respiración, a través del *locus coerulus*, activa los sistemas de noradrenalina que nos mantienen atentos y motivados en la práctica. Saber respirar es también parte de la práctica de la meditación.

Una vez preparada la atención hay que saber mantenerla. Abandonamos el tronco del encéfalo y llegamos a la siguiente estación de nuestro viaje, la corteza cerebral y en concreto a las áreas frontales. Acabamos de ver que ciertos núcleos del tronco del encéfalo han preparado la atención, y han puesto a nuestro servicio los recursos neuronales suficientes para mantenerla. Ahora toca saber mantener la atención, y eso es lo que reforzamos con la práctica regular de la meditación. El cerebro aprende con el hábito, con las horas que pasamos sentados en el cojín. No hay atajo sin trabajo, decía un maestro. Para mantener la atención, la zona más relevante será la corteza prefrontal dorsolateral, que llamaremos desde ahora CPF. La Universidad de Harvard fue la primera en mostrar que la práctica regular de la meditación producía cambios en la anatomía del cerebro. Su estudio, publicado en el año 2005, mostraba que los meditadores tienen mayor grosor en diferentes áreas del cerebro, pero especialmente en la CPF. El aumento de las áreas frontales del cerebro supone más recursos neuronales involucrados en sostener la atención. Es decir, tenemos más neuronas implicadas en el proceso de atención y por tanto se incrementa la capacidad de mantenernos concentrados. Esto representa un beneficio no solo para meditar, sino para cualquier actividad que estemos realizando. La CPF aumenta de grosor y actividad porque necesitamos de una mayor vigilancia sobre la ejecución de la práctica. Es como cuando estamos aprendiendo a realizar una tarea, al principio necesitamos mucha atención y cuando ya la hemos aprendido podemos hacerla casi sin darnos cuenta. De igual manera, los meditadores muy expertos ya no requieren de tanta supervisión de su atención, y se observa una disminución de la actividad de la CPF. Basándose en los cambios cerebrales que se van sucediendo la revista Nature publicó un estudio donde se distinguían tres etapas en la práctica de la meditación mindfulness. En la etapa de principiante reina el esfuerzo por practicar. La CPF comienza a incrementar su grosor y capacidad de activación eléctrica ante la práctica para poder sostener la atención tan solo unos segundos o minutos. Es en esa etapa en la que más cambia la CPF. En la etapa intermedia el practicante lucha contra la dispersión mental y la capacidad de darse cuenta de dónde está su mente. Lo exploraremos un poco más adelante. Y en la tercera etapa, los meditadores avanzados simplemente se dejan ser sin esfuerzo. Han pasado del "modo hacer" al "modo ser", tal como se dice en la jerga psicobiológica. En esa etapa la CPF se retira, ya no hace falta vigilancia. Para el aprendiz tenaz la CPF será un gran aliado que le ayudará a sostener la atención. Diversos estudios muestran la relación entre el aumento de la CPF y el número de horas que se practica a la semana. No hay más truco. No hay atajo sin trabajo. Otra forma de hacerlo consiste en educar la respiración, esa gran aliada. El grupo liderado por la investigadora de Harvard Sara Lazar mostró que los cambios en la corteza prefrontal eran mayores en aquellos meditadores que mejor sabían modular su respiración.

Los resultados que mostraban cambios en la corteza frontal al meditar fueron recibidos por la comunidad científica con gran asombro y aplauso. Debe saber el lector que la corteza frontal es la joya de la corona en el reino del cerebro. Saber que hay formas de moldear una de las áreas más importantes para el ser humano sin necesidad de fármacos, o intervenciones técnicas abría la puerta a tratamientos más humanos (y baratos).

Veamos qué papel juega la corteza frontal. En los pasillos de la facultad de medicina de la Universidad de Edimburgo hay un retrato de Richard Owen, uno de los pioneros de la anatomía comparada entre especies. Sus investigaciones sobre la anatomía de animales ya extinguidos le valió un prestigioso puesto en el Departamento de Historia Natural del Museo Británico. Cuando visité la universidad escocesa y vi su retrato, mi atención se fue hacia una frente exageradamente grande, diría que ocupaba casi la mitad de su rostro. Me reí. Owen fue el primero en definir la corteza prefrontal, aquella región del cerebro que está justo debajo de la frente. Según Owen el nombre elegido para esa parte del cerebro se debía al hueso prefrontal existente en la mayoría de anfibios y reptiles pero dado que la corteza prefrontal es una de las características más insignes del ser humano, diría que algún complejo estético le había delatado. Según la Universidad de Misuri el aumento de la corteza prefrontal en humanos se debe a lo que llaman presión demográfica, es decir al aumento de la población y por tanto de sus interacciones. La corteza frontal se vincula con la conducta individual y comportamiento social. Una universidad argentina añadió después que ese crecimiento se debía a la capacidad desarrollada por los seres humanos de manipularse unos a otros. El número de chistes que el grupo cómico Les Luthiers habría escrito aquí sería incalculable (y de incalculable valor). Lo que nos dice la neurociencia hoy es que la corteza prefrontal es clave para interpretar nuestra conducta, para inhibirla en el caso de censura o para planificar las acciones en los casos convenientes. Se dice que es propia de los seres humanos porque nos dota de comprensión a largo plazo, una suerte de paciencia que nos hace persistir en una acción aunque la recompensa no sea inmediata. Es fundamental en la meditación y para todo. Las personas con alteraciones en la corteza prefrontal se caracterizan por tomar decisiones que en su momento son gratificantes aunque sepan que las consecuencias posteriores serán altamente negativas. Una de las funciones más complejas que se le otorga a la corteza frontal es la de predecir qué va a pasar. Intuir el futuro, muy relacionado con la atención. La etimología de la palabra intuir deriva del latín *intueor*, observar, compuesto de *in* (dentro) y *tueor* (mirar). Intuir es mirar dentro.

Tras varias horas de ascenso a la montaña, los porteadores se pararon, ante la sorpresa de los senderistas.

— ¿Qué sucede? —les reprocharon.

— Los estamos esperando. Sus cuerpos nos acompañan pero sus mentes todavía no han abandonado el refugio, contestaron.

Es parte de un cuento que recoge la sabiduría de Senegal.

5

EL ESPEJO DEL CEREBRO

Hagamos un repaso del viaje. Veamos hasta dónde hemos llegado para saber a dónde nos dirigimos ahora.

Sabemos que el tronco del encéfalo activa una corona de núcleos distribuidos por el cerebro que preparan la atención. Nuestro esfuerzo en las primeras etapas de la práctica de la meditación refuerzan la corteza prefrontal, CPF, que nos ayudará a mantener la atención. Pero cuando ya somos capaces de estar más de dos minutos observando las sensaciones de la respiración, llega el siguiente obstáculo: las distracciones. Me pica un brazo, me duele la pierna, el de al lado respira muy fuerte, me aburro, empiezo a sentir frío, me incomoda esta situación, el profesor es malo, esto no vale para nada y tengo mucho que hacer. Me acuerdo de mi amiga, planifico la cena, pienso en los correos que debo contestar y en cuántos mensajes habré recibido durante este rato. O bien caigo en un limbo en el que me parece no estar haciendo nada.

Dada la gran cantidad de literatura científica dedicada a esta etapa, parece ser uno de los obstáculos más complicados a los que se enfrenta nuestra mente. Nos distraemos muy fácilmente, y lo difícil es darse cuenta de ello. Esto nos lleva a la siguiente estación de nuestro viaje: La corteza cingulada anterior, que llamaremos CCA, y que es una de las áreas más importantes en la resolución de este conflicto. Tiene la importante función de hacer consciente lo inconsciente. En este campo destaca el profesor Yi-Yuan Tang de la Universidad de Texas, en Estados Unidos. Este profesor de origen chino sufrió un accidente cuando tenía cuatro años de edad de tal gravedad que los médicos lo desahuciaron. Fue entonces cuando inició un tratamiento basado en la medicina tradicional china que le salvó la vida. Hoy es catedrático en la Universidad Técnica de Dallas y es una de las figuras más prestigiosas de la neurociencia de la atención con especialización en la meditación. Dedica sólidos y fructíferos esfuerzos a aunar la medicina occidental con la oriental. Sus numerosos experimentos han mostrado que la meditación aumenta el grosor y actividad de la CCA. Las personas que meditan tienen un mayor tamaño y capacidad de respuesta eléctrica de esta zona, lo que está relacionado con su creciente destreza para detectar la distracción o reorientar su mente a la práctica. Pero quizás su descubrimiento más notable llegó al mostrar que, con tan solo cinco días de práctica de la meditación, ya se producían cambios en dicha área cerebral. A partir de ahí solo quedaba consolidarlos para que el cambio fuera permanente. Una vez que la práctica se había establecido, en menos de ocho semanas, la CCA no solo presentaba mayor actividad durante la meditación sino todo el día. Esto es lo que llamamos una reorganización cerebral, se han cambiado los pilares de nuestra organización cerebral. Hemos hecho reformas en el cerebro. Explorando las funciones de esta zona entenderemos por qué estos descubrimientos son tan importantes. La CCA es un área cerebral involucrada en mantener un estado mental pero también en cambiarlo. Es como el cambio de agujas que hace que los trenes tomen una vía u otra. Es una de las áreas claves en la autorregulación, lo que tiene obvias ventajas para la salud mental y neuronal. El filósofo y padre de la psicología funcional, William James, decía que la mejor arma contra el estrés es elegir un pensamiento frente a otro. Pues la corteza cingulada está detrás de ese cambio de rumbo. Cuando nos distraemos mientras meditamos, la CCA es clave para darnos cuenta de ello. Es más que probable que el lector haya experimentado la distracción, ya sea meditando o en cualquier actividad. La atención ha podido desviarse de un pensamiento a otro, o nuestro estado de ánimo ha podido pasar de la relajación al agobio. Pasamos de uno a otro sin darnos cuenta. Y esta es la clave, darse cuenta.

La corteza cingulada da cuenta del cambio en el foco de la atención, pero en ese dar cuenta del estado mental hace falta un ingrediente fundamental, la idea del "yo". Me he distraído, (yo) he pasado de pensar esto a lo otro. Es ahí cuando nos observamos a nosotros mismos. Poco después de los hallazgos ya publicados por el profesor Tang sobre el incremento de la CCA se descubrió que esta cuenta con un aliado que le proporciona la referencia personal, la ínsula. La red formada por la corteza cingulada y la ínsula son el espejo del cerebro. Yo llamo a esa red la "cinsula", y es un espejo capaz de hacer desaparecer aquello que refleja.

El espejo que permite dar cuenta de nuestro propio estado mental está compuesto por un coro formado por las neuronas de la corteza cingulada anterior y las de la ínsula. De la CCA ya sabemos que entre otras cosas transforma la información inconsciente en consciente y que actúa como el cambio de agujas de las vías de un tren. La ínsula es una de las áreas más complejas del cerebro, y quizás la que más debates ha levantado. Imagine que toma un lápiz y logra atravesarse el cráneo por el hueso que se hunde antes del trago de la oreja, encima del pómulo. Justo ahí debajo se encuentra la ínsula. Es un área clave en el cerebro porque conecta los sistemas emocionales con la corteza, es el sistema que hace consciente la emoción. Y aquí viene una de las pistas por las cuales emoción y cuerpo no pueden separarse. La parte posterior de la ínsula cartografía las sensaciones del cuerpo, interviene en el equilibrio de la postura e integra las señales de todas las vísceras. El prestigioso neurólogo y neurocientífico Antonio Damasio decía que la emoción sin consciencia corporal era tan solo una vivencia intelectual. La ínsula gestiona la postura corporal y la postura mental. Quizás no sean tan diferentes. La ínsula ha sido catalogada como el área del cerebro más involucrada en la idea de nosotros mismos, del yo. El profesor Bud Craig, de la Universidad de Phoenix, es el máximo representante de esta hipótesis. Para este investigador, entender las funciones de la ínsula nos da pistas sobre los procesos que moldean nuestra propia imagen, y que paso a enumerar: la ínsula es clave en la detección de errores, en el reconocimiento de las cosas, en la toma de decisiones, en la percepción de la música, en el sentido materno, en el reconocimiento de una sonrisa o en el proceso de sonreír, en el reconocimiento de voces felices. Y también en el auto reconocimiento (no siempre nos reconocemos, o identificamos con lo que hacemos o decimos) y en el proceso de observarnos a nosotros mismos, en la metacognición. Impresionante, los recursos neuronales que dan lugar a la idea de que tenemos de nosotros son aquellos que también permiten la sonrisa.

Dados los resultados mostrados por la Universidad de Harvard sobre el incremento de la ínsula en meditadores, se ha llegado a decir que una mayor activación de la ínsula puede ser interpretada como una mejora en la conciencia del momento presente. La meditación, por tanto, también reorganiza los mecanismos neuronales de la idea que tenemos de nosotros mismos. Nos hace cambiar.

Cuando la ínsula y la corteza cingulada anterior se sincronizan y forman un coro eléctrico, caemos en la cuenta de nuestro estado mental actual. Esto ha podido observarse con técnicas de neuroimagen en personas que meditaban dentro de un escáner cerebral. En el momento de dar cuenta de la distracción o desvío de la atención del foco, se activa la red de la "cinsula" (nombre que yo me he inventado), el espejo del cerebro. Una vez avisados de la distracción toca reorientar la mente. Por ejemplo, si durante la meditación estamos atendiendo a las sensaciones de la respiración, podemos distraernos e irnos detrás de la sensación de dolor de espalda y quedarnos ahí durante largo tiempo sin ser conscientes de ello. Una CCA ágil nos informará rápidamente del cambio. Te has ido de tu tarea, avisa. Pero para reorientar la atención necesitamos también de la corteza frontal, aquella que hemos fortalecido sosteniendo la atención. El grupo del profesor Tang mostró que la meditación refuerza la comunicación entre la CCA y la CPF. Este fue uno de los artículos más célebres de la neurociencia de la meditación. Quedaba mostrado científicamente que la meditación supone un control de los estados mentales, cuando estamos meditando y cuando no. Pero ahí no se acaba la hazaña del profesor Tang. Sus investigaciones concluyeron también que con tan solo pocos días de práctica de la meditación, la dinámica del corazón se enriquece, su forma de latir es más compleja y regulada. Era la prueba de que la meditación también permite moldear el sistema nervioso autónomo, la respuesta del cuerpo. La coordinación mente-cuerpo, diría el profesor Tang.

Cuando decimos que la CPF o la CCA aumentan con la meditación nos referimos a dos fenómenos. Por un lado aumenta su tamaño y por otro se hacen más activas eléctricamente. Las neuronas que componen dichas áreas cerebrales responden de forma más intensa, hay un aumento de su hemodinámica y por tanto descargan más electricidad. Recuerde el lector que hemos hablado ya de que las neuronas no hablan, sino cantan. Sus patrones de disparos eléctricos siguen determinados ritmos. Cuando hemos adquirido cierta experiencia en meditación, y no hace falta que sea muy extensa, las neuronas de estas áreas entonan un himno de percusión de unas ocho o doce descargas por segundo. Es lo que llamamos ritmo neuronal Alpha. Se llama así, como la primera letra del alfabeto griego, porque fue el primer ritmo que descubrió Hans Berger cuando midió la electricidad desde el cuero cabelludo, en un intento de descifrar los mecanismos de la telepatía. Se pensó que era el ritmo más bajo y a partir de él vendrían Beta, Gamma, o Theta. No es el primer ritmo, los hay más bajos, pero al ser el predominante recibió el honor de llamarse Alpha. Normalmente se asocia a estados de relajación. Basta con cerrar los ojos para que aumente el número de neuronas que cantan a este ritmo. Pero la teoría vigente en neurociencia postula que el ritmo Alpha aparece cuando queremos proteger la percepción. Impide que la atención se interrumpa, que las interferencias externas, como ruidos, y las internas, como distracciones, desvíen el foco de la atención. La primera vez que se documentó que los meditadores mostraban mayor presencia de vibraciones Alpha en sus cerebros fue en 1973 en la facultad de Harvard. El mayor referente científico en las oscilaciones Alpha es el danés Ole Jensen. Tuve la suerte de conocerle en un congreso de biomagnetismo en Verona, y desde entonces tengo el honor de ser su amiga. Un día paseábamos por Londres, por las calles que unen Camberwell y Peckham cerca del instituto de Psiquiatría de la Universidad King´s College donde yo trabajaba entonces. En ese paseo, el profesor Jensen me contaba la batalla que había librado con la comunidad científica unos veinte años atrás para defender que Alpha era el himno del cerebro. En aquel momento el ritmo Alpha era lo que se llama un artefacto.

La neurociencia suele escudarse en ese concepto para clasificar aquello a lo que no encuentra explicación. Es como los ovnis, solamente no identificados. El corazón, el movimiento de los ojos y hasta la respiración, han sido hasta hace tres años artefactos que, afortunadamente, hoy pueden descubrir la belleza de su función. Alpha era un artefacto que no valía para nada más que para molestar al investigador. Pero Ole Jensen descubrió que las oscilaciones o ritmos Alpha son como señales de stop en el cerebro, se levantan cuando quieren impedir el paso a todo aquello que no es relevante. Imagine el lector el cerebro de un meditador medianamente experimentado que ve cómo, al comenzar a practicar se van levantando señales de stop desde la nuca hasta la frente. Frenan las distracciones. Se sostiene la atención. Las calles por las que paseábamos aquel día Ole y yo son las mismas que recorría el sabio William Blake en el siglo XIX, aquel que decía: «Para ver un mundo en un grano de arena y un paraíso en una flor silvestre, sostén el infinito en la palma de la mano y la eternidad en una hora».

6

MUCHO RUIDO Y POCAS NUECES

Acabamos de ver que caemos en distracciones constantemente. Pero, ¿cómo son esas distracciones? ¿A dónde vamos cuando dejamos de atender al presente? Este es uno de los temas más fascinante y más estudiado de la neurociencia. Tiene fuertes implicaciones psicológicas, pero también clínicas. En el año 1975 el profesor sueco David Ingvar estaba realizando unos experimentos en los laboratorios de la Universidad de Lund. Debido a unos problemas técnicos se le rogó al voluntario que permaneciese quieto y sin hacer nada dentro de la máquina. Para sorpresa de Ingvar y de sus colegas, el cerebro del participante mostraba una fuerte actividad. Según la teoría neuronal vigente en aquel tiempo, cuando paramos de realizar alguna tarea y nos quedamos en reposo nuestros cerebros debían apagarse. No hace falta señalar que parece que estos investigadores nunca habían meditado u observado sus propias mentes al menos un minuto. Hasta hace relativamente poco tiempo, la neurociencia nos comparaba a ordenadores que hibernan o se apagan cuando dejamos de usarlos. Basta sentarse un minuto y observar la mente para saber que, como decía William James, es una corriente de conciencia constante. Aunque Ingvar nunca había observado su propia mente se atrevió a indagar un poco en los sorprendentes resultados que encontró y publicó la primera evidencia científica de que el cerebro tiene una vida propia bastante ajetreada. Hoy en día el estudio de esa actividad espontánea del cerebro es uno de los temas más importantes para la neurociencia. ¿A dónde va la mente cuando la dejamos a la deriva? Es una pregunta muy antigua.

Cuando los participantes a un experimento llegan al laboratorio lo primero que hacemos es medir cómo es la actividad de su cerebro cuando se deja la mente a su propia voluntad, es decir sin instrucciones. Esto es clave porque luego nos permite comparar ese estado basal del cerebro con el que tienen cuando meditan, recuerdan o hacen la tarea que se les pida para ser estudiada. Les pedimos a los participantes que se sienten y que simplemente esperen, sin hacer nada en particular. Las máquinas de neuroimagen muestran cerebros llenos de actividad. Unas zonas se activan, otras se callan y la información va de un lado a otro a gran velocidad. Parece la ciudad de Nueva York por la noche, un paisaje rebosante de energía. Pasados unos minutos les preguntamos a los participantes qué habían estado haciendo. Nada, responden.

Ese es uno de los grandes hitos de la neurociencia hoy. ¿Por qué sentimos que no hacemos nada cuando tenemos a la ciudad de Nueva York metida en la cabeza? Cuando no fijamos la atención en alguna tarea, ya sea observar algo, elaborar un pensamiento o percibir la propia mente, nos vamos a un estado de falta de consciencia, o de ensoñación. En ese estado estamos recordando, imaginando y sobre todo hablando. Yo había dedicado muchos años de mi carrera a estudiar este estado cerebral. Sin embargo, la primera vez que lo viví estaba a oscuras, sin máquinas de laboratorio. Estaba en un centro de meditación tibetano, en Madrid. Sentí un escalofrío al observarme a mí misma, me abrumó la marea de pensamientos y sensaciones que me transportan a mundos imaginarios del ayer y del mañana, enmudecí ante la dificultad de estar en el presente y me sonrojé ante la voz egocéntrica que narra mi existencia. Llevaba entonces más de quince años estudiando en laboratorios cómo es el cerebro, pero fue en un centro tibetano donde me convertí en espejo del mío. En aquella época solía frecuentar el centro de Budismo Tibetano Thubten Dhargye Ling, en Madrid. Juntos organizamos un par de jornadas de budismo y ciencia donde los lamas del centro debatían con académicos de la universidad en torno a la memoria, la intención y el proceso de la muerte. Me reconfortaba sentirme acogida en su Gompa, o sala de meditación, que en sánscrito significa lugar remoto o lugar donde uno se familiariza. Allí iba a familiarizame conmigo.

Cuando uno adquiere cierta experiencia en meditación, empieza a saber darse cuenta de los estados mentales que le ocupan, a reconocer las distracciones. Las cortezas prefrontales, cinguladas y las ínsulas ya están preparadas para comenzar la familiarización con uno mismo. Al dejar la mente a la deriva, enseguida uno da cuenta de la corriente de pensamientos, sensaciones y sentimientos que se proyectan de forma espontánea. Nadie los evoca, aparecen. Marcus Raichle, el investigador de la Universidad de Washington que descubrió la red cerebral que acompaña a este estado, lo llamó la vida privada del cerebro. Esa red de áreas cerebrales se llama Red neuronal por defecto y está formada por el lóbulo temporal, involucrado en la memoria, la corteza prefrontal medial que como sabemos modula la atención, la corteza cingulada que acabamos de ver que gestiona la transición entre estados mentales, el precuneo ventral que nos informa de las sensaciones y la corteza parietal, es decir el lenguaje. Cuando se activa dicha red por defecto nos sumergimos sin darnos cuenta en un mar de recuerdos, planes y sobre todo en tsunamis de palabras. El diálogo interior es una de las características de la vida privada del cerebro que más cuesta aquietar. Es curioso observar que las zonas del cerebro que se activan ante tanto lenguaje son las de la escucha, no las del habla. Nos escuchamos sin parar. El setenta por ciento del contenido de esa voz es autobiográfico, y nos tiene a nosotros como narradores autonarrados. El científico Charles Fernyhough lo define como vinculado al sentido de uno mismo y sitúa su origen en el inconsciente aunque active áreas cerebrales como el giro temporal. Es clave en los primeros años del neurodesarrollo hasta que el niño forma la imagen de sí mismo. Este monólogo interior es mayor en personas con estados de ansiedad, baja autoestima, o conflictos internos. Uno de los antídotos propuestos para combatir el diálogo interior consiste en llevar la atención a las sensaciones del cuerpo, hacer lo que se conoce como ejercicio de consciencia corporal en el que uno va recorriendo su cuerpo con la atención para observar sus sensaciones. Curiosamente ahí el diálogo interior se aquieta.

Se calcula que pasamos la mitad de nuestro tiempo despiertos en esta red de ensoñación, y que alrededor de un ochenta por ciento de toda la energía que utiliza el cerebro se despliega en circuitos sin relación alguna con acontecimientos externos. Por ello los investigadores también llaman a este estado cerebral la energía oscura del cerebro. Una concesión a la astronomía para la cual la energía invisible representa la masa de la mayor parte del universo. Semejante corriente de actividad eléctrica cerebral aún hoy confunde a los científicos. Los budistas llamaban a este fenómeno "la mente del mono" y Santa Teresa de Jesús lo llamó "la loca de la casa". Parece que es una vieja conocida en la historia del hombre. Tanto los contemplativos como los investigadores luchan por reducirla. En las primeras páginas del libro de Rosa Montero, *La loca de la casa,* se hace una descripción que para mí es un auténtico tratado de neurociencia. Dice que los seres humanos somos, por encima de todo, novelistas, autores de una única novela cuya escritura nos lleva toda la experiencia y en la que nos reservamos el papel protagonista. Es una escritura sin texto físico, dentro de la cabeza.

Diferentes estudios han mostrado que la calidad de vida es mejor en quienes tienen una menor actividad de la red por defecto, que se reduce el dolor en pacientes con lesiones crónicas y que es un marcador biológico del desarrollo de la enfermedad de Alzheimer. El artículo más mediático e impactante se publicó en el año 2010 en la revista Science. Una mente que divaga es una mente infeliz, se titulaba. Un equipo de la Universidad de Harvard realizó un experimento en el que a lo largo del día se les preguntaba a un nutrido grupo de participantes cómo se sentían y qué estaban haciendo en ese momento. La estadística reveló que lo que más insatisfacción nos produce es estar en ese vagabundeo mental. No hacer aquello que estamos haciendo, sino ejecutarlo como autómatas sin proyectar la atención sobre ello. Hacer sin ser. Todavía no hay una respuesta científica a por qué caemos en ese estado, o por qué nos atrae tanto. Para salir de ese estado de ensoñación hay que habitar el presente. El interés por estudiar cómo reducir la intensidad de la red por defecto se disparó. Un año más tarde, el profesor Judson Brewer de la Universidad de Massachussets mostró con técnicas de neuroimagen que los meditadores tienen menos actividad en la red por defecto. Era la primera imagen cerebral del silencio neuronal, de la quietud mental. Hoy es uno de los resultados más consolidados. Y es la base de por qué la meditación conlleva una mejoría de bienestar. «El silencio no se puede callar», dice el místico sufí Ibn Arabi.

Hasta hace pocos años se pensaba que la red neuronal por defecto desempeñaba un papel protector del cerebro, y que sus contenidos permitían consolidar la memoria o ayudar en la planificación y gestión de la propia imagen. Hoy se reconocen esas bondades, pero también se ha observado que gran parte de los contenidos son inútiles, que no ayudan ni a memorizar ni a predecir. La red por defecto es necesaria, como el estrés, pero en abundancia es dañina, como el estrés. Nuestras neuronas parecen los personajes de la comedia *Mucho ruido y pocas nueces*, de Shakespeare. En sus animados actos se combinan traiciones, ingenio, malentendidos, fiestas y funerales en torno a un amor inventado entre el noble Benedicto y la joven Beatriz. Nadie para y nadie siente. Claudio, el noble de Florencia, llega a decir «Fuera bien poca mi felicidad si pudiera decir cuánta es». La burla que Shakespeare hace sobre el excesivo ajetreo mental es hoy parte de la neurociencia.

Ser o no ser, esa es la cuestión.

7

MEDITANDO EN EL LABORATORIO

Hagamos un experimento. Sugiero al lector probar a relajar el cuerpo, subir los brazos, dejarlos caer, mover un poco las caderas, respirar profundo tres veces por la nariz y suavizar el gesto de la cara.

El profesor Tang publicó un artículo en el año 2018 donde mostraba que si se realizaban estiramientos corporales antes de la práctica de la meditación sus beneficios eran mucho más sólidos. A ello lo llamó Bodyfulness y los ejercicios propuestos estaban basados en las artes corporales chinas del QiGong o Chikung.

Una vez preparado el cuerpo, le invito a sentarse y a observar las sensaciones que experimenta al respirar.

Le voy a relatar lo que está pasando en su cerebro.

Estado 1: Foco de atención. Ante la novedad de la experiencia, el lector obediente y curioso observa las sensaciones del aire cuando entra y sale de su nariz. Su cerebro es como una carpa de circo donde los focos solo iluminan la corteza prefrontal, exactamente la dorsolateral. La atención se mantiene sobre las sensaciones de la respiración. No existe nada más. Su mente es la respiración. Su cerebro es quietud y focalización.

Estado 2: Red de distracciones. Si el lector es un meditador poco experimentado la atención sostenida será en su cerebro un equilibrio inestable. Cualquier perturbación, externa o interna, puede hacer caer al malabarista. Sin buscarlo ni quererlo, el meditador cae de repente del trapecio en una red de pensamientos sin forma, de sensaciones veladas, y de sentimientos difusos. La mente ha estallado en una verbena de ruido sordo, de imágenes invisibles, de sabores insípidos, de diálogos reverberantes y de balbuceo, un universo paralelo cubierto por un velo. El cerebro rebosa actividad. La carpa del circo ahora ilumina a la región temporal lateral que nos trae el ayer, al giro cingulado posterior que alterna la sucesión de estados, al precuneo que proyecta el imperio de los sentidos, a la corteza prefrontal que nos lleva al mañana y a las cortezas parietales posteroinferiores que nos narran nuestra propia sombra. La carpa del circo cerebral proyecta un complejo juego de luces. En esa cómoda red, el lector puede estar un buen rato. Sin darse cuenta.

Estado 3: El espejo del cerebro. De repente, la corteza cingulada y la ínsula se sincronizan para formar un espejo. Solo podemos bajar de esa red al sabernos en ella. El cerebro ha dejado de ser una verbena de colores y enmudece ante el espejo. Se acaba de dar cuenta el lector que se había distraído, había dejado de vivir la experiencia de sentir las sensaciones de la respiración y se había sentido atraído por el circo de las ensoñaciones.

Estado 4: Reorientación. Una vez informado del despiste, el lóbulo parietal inferior y la corteza prefrontal dorsolateral preguntan a dónde quiere dirigirse la mente, dispuestas a obedecer las órdenes. «La mente es una buena sirvienta pero mala ama», nos llega de las enseñanzas de los maestros. Las áreas de la memoria del momento responden: ahora hay que atender a las sensaciones de la respiración. La corteza frontal dorsolateral lo ejecuta. El lector vuelve a las sensaciones de la respiración.

Y el ciclo vuelve a comenzar.

El meditador principiante puede pasar gran parte del tiempo de su sesión de meditación en el estado 2, tumbado en la red de ensoñación. La transición más difícil es pasar del segundo al tercer estado. Es decir, aprender a darse cuenta. La transición del estado tercero al cuarto es bastante rápida.

El meditador avanzado pasará gran parte del tiempo en el primer estado. Raramente cae en el segundo, y cuando lo hace rápidamente se activa el tercero. La práctica de la meditación nos entrena a detectar la distracción, a identificar el estado mental en el que nos encontramos y a cuestionarnos si es el deseado.

8

ESPECTADOR Y ACTOR DE LA EMOCIÓN

Diría que la emoción es como el silencio, que desaparece cuando se describe. O al menos cuando se describe académicamente. Igual que me pasaba con la definición de atención, he de confesar también aquí que siempre he tenido cierto recelo hacia las definiciones que psicólogos y neurocientíficos han dado a la emoción, y al modo de investigarla. Me recordaba a los estudios de vida salvaje que se hacen en los zoos. Sin embargo, hace no mucho, retomé el estudio de la neurociencia de la emoción y he de confesar que esta vez sí que me emocionó.

La neurociencia cognitiva estudia los mecanismos cerebrales que acompañan a las funciones cognitivas, es decir, la atención, la memoria, el lenguaje, la percepción espacial, y más allá, la planificación, el autocontrol o la toma de decisiones como funciones ejecutivas. Estas funciones son la base de lo que definimos como inteligencia. En ningún momento se mencionan la emoción o los sentimientos. Sin embargo, la definición de inteligencia emocional incluye funciones como el autocontrol y la perseverancia. También están el entusiasmo y la motivación. Científicamente, parece que cognición y emoción son dos cosas bien distintas, ¿es así?

Si hacemos un recorrido por la neuroanatomía funcional, es decir por las diferentes estaciones cerebrales que recorre la información, vemos que la cognición y emoción son inseparables. Cuando escuchamos una palabra, sea agradable, desagradable o neutra, entra por los receptores del oído, las ondas sonoras se transforman en señales eléctricas, llegan al cerebro por el nervio auditivo y comienzan su proceso por el encéfalo. El tálamo es el distribuidor de la información, que manda las señales a las áreas más involucradas en la memoria llamadas hipocampos, y a las del procesamiento emocional, las amígdalas. El tálamo comunica su respuesta al hipotálamo que activará la reacción del cuerpo. La reacción fisiológica será muy diferente ante la palabra socorro que ante un saludo. Desde ahí la corteza cingulada integra esa información hasta ahora inconsciente y la transforma en conciencia al ser transmitida a las cortezas cerebrales, las auditivas, asociativas o frontales en este caso. Es decir, la neuroanatomía funcional nos indica que la emoción y la cognición son inseparables. Toda información procesada lleva un baño de emoción.

Ahora bien, ¿qué hace que sea diferente la vivencia de una situación emocional de una aburrida? Invito al lector a acompañarme por un viaje que recorre la historia de la investigación científica de la emoción. En los años sesenta el psicólogo estadounidense Paul Ekman inició una colección de fotografías de personas de culturas muy diversas. El análisis de los gestos le permitió llegar a la conclusión de que había expresiones faciales comunes a todos los pueblos y por tanto intrínsecas al ser humano, como ya había adelantado el padre de la teoría de la evolución Charles Darwin. A través de esas expresiones se concluyó que las emociones básicas son la ira, el miedo, la tristeza, la felicidad, el asco y la sorpresa. Recientemente, estudios matemáticos de la expresión facial han reducido el grupo de emociones básicas a las cuatro primeras, que son las que acepta la ciencia hoy en día. Llama la atención que solo haya una de carácter positivo, la felicidad, pero eso sería un debate larguísimo sobre el sesgo negativo y sus implicaciones para la teoría de la supervivencia. Del que yo no comulgo. Para Ekman, la emoción es un proceso automático educado por nuestro pasado evolutivo y personal en el que sentimos cambios fisiológicos en el cuerpo y en la conducta que hacen frente a esa situación. Esto recordaba a la famosa frase de William James «no lloro porque esté triste, estoy triste porque lloro». Necesitamos el cuerpo para dar sentido a conceptos tan abstractos como la tristeza o alegría. Tal era la importancia que daba Ekman al carácter automático e involuntario de las emociones que llegó a afirmar que nosotros experimentamos las emociones como nos suceden, no como las hemos elegido. Esto es clave para pensadores como John Kabat Zinn que se apoyan en ello para invitarnos a desplazarnos a una posición donde nos podemos separar o desidentificar de nuestros pensamientos, emociones y sensaciones. Ver nuestra propia película. Sabernos espectador y actor en la misma obra, como susurra el texto hinduista Bhagavad-gītā. Desde la neurociencia este carácter automático de la conducta se trata como la actividad espontánea del cerebro, de origen no consciente. La vida privada de las neuronas, que decíamos antes. El lector puede experimentar en sí mismo esta capacidad de improvisación neuronal. Si se sienta a observar las sensaciones que experimenta al respirar, se verá seducido por pensamientos cuyo contenido no hemos invocado. ¿Quién los ha llamado y por qué los ha elegido? Todavía hoy se desconoce la respuesta a esa pregunta. Se sabe que solo un veinte por ciento de la actividad cerebral responde a estímulos externos, que vienen de los sentidos. Gran parte de la actividad del cerebro procesa lo que pasa dentro, el mundo interno. Una de las hipótesis mas fuertes hoy en día es la interocepción, las señales que nuestro cerebro recibe del resto de los órganos. El intestino, estómago, corazón, útero e hígado tendrán mucho que decir en los próximos años sobre la vida privada del cerebro y sobre cómo se manifiestan las emociones.

En la novela *Miedo* de Stefan Zweig, la protagonista Irene Wagner se ve secuestrada por el pánico ante la posibilidad de que su marido descubra el idilio que mantiene con un joven pianista. Su miedo le hacía ver sombras de sospecha en cada rincón de su casa.

El futuro, siempre chantajista, distorsiona el presente y el pasado. El miedo secuestraba su percepción y capacidad de razonamiento. Paradójicamente la entrega a ese miedo, el saber vivir con plenitud esa crisis, no solo la devuelve a su acomodada vida sino también a casa. La obra de Zweig podría encajar bien en las enseñanzas de la monja tibetana Pema Chödrön, renunciar a la esperanza para quedarse consigo mismo, sin huir de uno y volviendo a lo simple, pase lo que pase. «Huele tu propia porquería», dice Pema Chödrön. «Por las brechas entra luz», cantaba Leonard Cohen.

El secuestro emocional que sufrió Irene Wagner empezó conocerse en neurociencia en los años ochenta. Y lo hizo de la mano de un personaje llamado Joseph Le Doux, un francés afincado en la Universidad de Nueva York que además de neurocientífico es músico en una banda de rock que se llama Los amigdalinos. El lector entenderá ahora la ironía detrás de ese nombre.

Una de las partes más relevantes del cerebro es una estructura del tamaño de una almendra, llamada amígdala. Situada en las profundidades del cerebro, no en la corteza, es un área cuya respuesta es necesaria pero que en exceso resulta dañina para nuestra salud mental. Fue precisamente el profesor LeDoux quien descubrió que su actividad aumentaba estadísticamente cuando procesamos la emoción. Si le muestro al lector una imagen de un ser querido y otra de un coche, la amígdala tendrá mayor respuesta ante la primera que ante la segunda. Esta pequeña estructura manda y recibe información de casi toda la arquitectura cerebral. Pero los experimentos más célebres de LeDoux se centraron en las conexiones que hay entre la amígdala y la corteza frontal. Vuelva a imaginar el lector que está viendo una película y aparece una persona con un arma. Ya hemos visto que su cuerpo reaccionará unos ciento ochenta milisegundos antes de que usted sea consciente de lo que ha visto. Esto se debe a que la información que llega por el nervio óptico al tálamo pasa también por el hipotálamo que activa el cuerpo en señal de alarma. Desde el tálamo se distribuye por las demás áreas del sistema límbico como el hipocampo, involucrado en la memoria, y la amígdala, quien aportará el contenido emocional. El hipocampo reconoce y la amígdala juzga. Eso es un arma, dice el hipocampo. Eso no me gusta, dice la amígdala. El tálamo integra todas esas respuestas y la información sigue su recorrido hasta llegar a la corteza cerebral, momento en el cual usted será consciente de que ha visto una persona con un arma. Pero LeDoux descubrió que había una carretera secundaria y directa entre la amígdala y la corteza frontal, es decir la amígdala no necesitaba al tálamo como intermediario sino que se independizaba. De esta forma la amígdala era capaz de influir sobre la corteza antes que el tálamo. Y cuando lo hacía la secuestraba, era una conquista de sometimiento. Un golpe de estado.

Para llegar a esas conclusiones, el equipo del profesor LeDoux hizo una serie de experimentos en animales que, en su momento, revolucionaron la neurociencia afectiva. Se entrenaba a un conjunto de ratas para asociar un sonido con un dolor, de forma que cada vez que lo escuchasen manifestaran una respuesta emocional negativa. Por otra parte, mediante estimulación eléctrica se anestesiaba su corteza auditiva, ante la hipótesis de que si los animales no eran conscientes del sonido no podrían manifestar la aversión al dolor. Sorprendentemente, los animales reaccionaban ansiosamente ante un sonido que no escuchaban. Este experimento ponía en tela de juicio el papel de la corteza cerebral, ¿dónde se procesa entonces la información consciente? ¿podemos sentir una emoción sin ser conscientes de ella? El profesor Le Doux y su equipo demostraron que la amígdala responde a los estímulos antes de que lo haga la corteza, las emociones parecen ir más rápidas que los pensamientos y la consciencia de ellos. Es decir, que la emoción surge antes en el cuerpo que el acto de ser consciente de aquello que nos ha generado la emoción. A esto se le llama respuesta pre-cognitiva del cerebro. Gracias a estos experimentos se localizó la conexión directa entre el tálamo y la amígdala, mucho más rápida y corta que la conexión entre tálamo y corteza. Estos resultados explicaban los mecanismos neuronales de la hipótesis de Ekman, es decir: experimentamos las emociones como nos suceden, no como las hemos elegimos.

Esta especie de "secuestro" emocional del que somos presos está caracterizado por lo que se conoce como periodo refractario. A pesar de su poco atrayente nombre, este concepto esconde uno de los secretos de la mente que más nos puede enseñar sobre nosotros mismos y sobre la regulación de las emociones, y un poco más allá pero muy relacionado, de la regulación del estrés. Deberían enseñarlo en las escuelas. El periodo refractario es el tiempo durante el cual solo somos, vemos y evocamos recuerdos que confirmen y justifiquen la emoción que nos secuestra. Para ello pone a su servicio el diálogo interior o la rumiación y el razonamiento se despliega como un escudero fiel capaz de crear un sinfín de argumentos que la apoyen. La amígdala solo permitirá que el hipocampo evoque recuerdos que apoyan nuestra visión de la situación actual. Por ejemplo, en una discusión solo recordaremos las veces en que nos hemos sentido atacados, engañados o dolidos por la actuación de la persona con la que discutimos. El pasado, siempre relativo, solo nos muestra lo que queremos ver. Stephan Zweig describía el miedo de Irene Wagner como un delicado martillo con el que golpeaba cada uno de sus recuerdos.

El doctor LeDoux fue entrevistado por un periodista que, enamorado de sus investigaciones, llamó al control amigdalino sobre la corteza frontal "el secuestro emocional". Su libro, inteligencia emocional, se convirtió en súper ventas en varios países y marcó el inicio de una era. El periodista era Daniel Goleman, hoy mucho más conocido que el investigador LeDoux.

El neurocientífico António Damásio dio un paso adelante y mostró que esta comunicación directa entre la amígdala y la corteza frontal es clave para la toma de decisiones. Los sentimientos son fundamentales para la toma racional de decisiones, no se cansa de propagar Damásio. El libre albedrío se puso en tela de juicio. John Dylan Haynes, de la Universidad de Berlín, mostró poco después que las decisiones estaban determinadas por el inconsciente. Hasta ocho segundos antes de ser conscientes de una decisión podemos encontrar en el cerebro indicios de ella, lo que permite al investigador predecir la decisión del voluntario antes de que la persona sepa lo que ya ha decidido (inconscientemente).

Hasta ahora hemos visto que la emoción es capaz de secuestrarnos. La postura científica mantenía que las emociones se viven tal y como surgen. Ello nos otorgaba un papel bastante pasivo, y a veces cómodo, en el que no podemos elegir cómo expresamos las emociones. Muchas veces hemos oído eso de "soy así y no se puede cambiar". Sin embargo, los avances en el estudio de la plasticidad cerebral, y el desarrollo de programas psicoeducativos nos mostró que la conducta y el cerebro pueden reorganizarse. Se empezaba así a decir que el procesamiento neuronal de las emociones era trabajable. Pero para ello habría que reconocer primero que las emociones tienen un carácter mayoritariamente automático, aprendido. Y a partir de ahí, observarlo y reeducarlo. Saberse secuestrado es el primer paso para liberarse. Esa parece ser la visión que defienden las intervenciones basadas en mindfulness para regular, acompañar o aprender a gestionar la emoción.

Según la profesora de la Universidad de Munich, Britta Hölzel, la meditación mindfulness nos permite, frente a situaciones desagradables, recobrar antes un estado emocional equilibrado, y favorece la expresión de la emoción mejorando así el estado de ánimo. El número de estudios que muestra la mejora en la calidad de vida después de los programas basados en mindfulness es innumerable. Una de sus bases, quizás la fundamental, dice así: atender al momento presente sin juzgar. Observar los pensamientos, sensaciones y emociones, vivirlos a la vez que se observan con distancia. Ser actor y espectador. Un aparente difícil equilibrio que, según indica la neurociencia, no es tan difícil. En pocas semanas el cerebro empieza a cambiar siguiendo este principio. Quisiera invitar al lector a traducir la expresión "atender al momento presente sin juzgar" a un lenguaje neurocientífico.

Hemos visto que la amígdala tiene una vía de acceso directa a la corteza frontal y que además esa vía no es democrática sino que llega imponiendo su voluntad. Una corteza prefrontal debilitada se rendirá sin prestar mucha resistencia. Pero, ¿qué pasa en el caso de personas que han visto fortalecida su corteza frontal con la práctica de la meditación? Como habíamos visto, la meditación aumenta el grosor y la capacidad de respuesta eléctrica de la corteza frontal. Eso ayuda a sostener la atención. Por tanto, una corteza prefrontal fuerte es capaz de frenar el intento de golpe de estado amigdalino e impide que tome el control, o al menos aminora el golpe. Pero no es el único mecanismo por el cual la meditación nos hace ser más moderados emocionalmente, menos reactivos como dice el profesor Davidson. El equipo de la profesora Holzel de la Universidad de Munich mostró que la meditación fortalece la vía fronto-límbica, es decir la carretera que va desde la corteza a la amígdala. Es una vía que contrarresta la autopista amígdala-corteza. En el cuerpo, en general, hay más carreteras que van de abajo a arriba que de arriba a abajo. La conexión entre amígdala y corteza, de abajo a arriba en la arquitectura cerebral, es bastante fuerte. Por ello la llamo autopista. Sin embargo, la conexión desde la corteza frontal a la amígdala, de arriba a abajo, es bastante menor por ello la llamo carretera. La gestión emocional, que consiste en observar la propia emoción sin juzgarla y siendo amable con uno mismo, asfalta una vía que por defecto es un sendero. Poco a poco, con la práctica, ese camino de arena puede convertirse en una red de carreteras fuertes que hace frente a la autopista amigdalina. Caminante no hay camino, se hace camino al practicar.

Cuando voy a los colegios a contarles a los niños cómo son su cerebro y su cuerpo me llevo a amigdalito, un muñeco de mi hija un tanto amorfo, con una pierna por aquí y otra más allá y con unos dientes en sierra. Les digo que es un dragón que intenta quemarlo todo. La atención, que es una marioneta de una reina bellísima y simpática, saca una jarra de agua que arroja sobre el encendido dragón. Es mi forma de contarles la reorganización neuroplástica de la red fronto-límbica.

Hasta ahora sabemos que la neurociencia propone dos mecanismos para la mejor gestión de las emociones. Por un lado, los estudios con meditadores muestran que se refuerza el área prefrontal del cerebro y eso la protege del secuestro de la amígdala, y por otro se constata que las vías que surgen de la corteza frontal se refuerzan, como la red fronto-límbica que acabamos de ver. El tercer mecanismo se apoya en la disminución anatómica y funcional de la amígdala. A día de hoy son muchos los artículos científicos que muestran esta disminución amigdalina con la práctica de la meditación. Destacaría como grupo investigador en este tema al formado por Antoine Lutz, discípulo de Francisco Varela, Richard Davidson de la Universidad de Wisconsin y considerado por la revista Time como una de las personas más influyentes socialmente por su defensa del altruismo y la emoción como aliados, y a Mathieu Ricard, un científico convertido en monje budista tibetano y el mayor defensor de la felicidad. Quizás el artículo que más repercusión social tuvo es aquel que muestra que la amígdala comienza a reducirse con tan solo ocho semanas de práctica de la meditación, después de haber seguido el programa de reducción del estrés basado en mindfulness que diseñó el profesor John Kabat Zinn, y que es en mi opinión el programa más validado desde el punto de vista científico. La educación neuronal que supone observar la propia emoción, y saberse espectador y actor es una de las claves de la inteligencia emocional.

Había una vez un reino, llamado Wirani, donde gobernaba un sabio y poderoso rey. Era temido por su poder pero amado por su sabiduría. Una noche, cuando todos dormían, una bruja vertió siete gotas de un extraño líquido en la fuente de la plaza mientras decía «desde ahora todo el que beba de este agua se volverá loco». A la mañana siguiente los habitantes del pueblo, como cada mañana, llenaron sus jarras con agua para el desayuno. Aquel día las calles y la plaza del mercado se llenaron de una multitud furiosa que gritaba ¡nuestro rey está loco, hay que derrotarle! A medio día el rey ordenó que le llenasen su copa de oro del agua de la fuente. En el reino de Wirani hubo una gran alegría porque el rey había recobrado la razón. Es un cuento de Khalil Gibran.

9

ESPEJO Y LIBERTAD

Empecé a escribir este libro en el café Tommaseo de Trieste, la ciudad italiana donde vive la querida *nonna* de mi hija. A pocos kilómetros, en el castillo de Duino situado en la costa adriática, se refugió el poeta Rainer Maria Rilke. Una de sus elegías decía así: «Los recuerdos en sí mismos no son importantes. Solo lo son cuando se han transformado en nuestra propia sangre, en mirada y gesto, y no tienen nombre, cuando ya no se pueden distinguir de nosotros». Esta estrofa representa para mí uno de los misterios más bellos, ¿cómo hacer el pensamiento cuerpo? Observar la respuesta neuronal frente a la práctica de la meditación u observación de uno mismo es una de las formas de acercarse a este dilema que parece irresoluble.

La meditación es un baile entre lo voluntario y lo involuntario. Hemos visto que el mantenimiento consciente de la atención en un objeto o en las sensaciones corporales se ve frecuentemente interrumpido y seducido por procesos mentales que ocurren ajenos a nuestra voluntad. Nuestros intentos de vivir la experiencia del momento presente son acunados por una danza de pensamientos, sensaciones y emociones del pasado y futuro que a través de un diálogo auto-narrado adormecen la atención consciente. Veíamos que ese es el momento en que los mecanismos cerebrales del mantenimiento de la atención centrados en la corteza cerebral frontal, son sustituidos por la activación de una red de gran consumo hemodinámico, llamada red por defecto, que involucra una extensa área de regiones cerebrales. En ese momento hemos dejado de ser voluntariamente conscientes de nuestra experiencia para estar bajo un velo de ensoñaciones de carácter involuntario e inconsciente. Estas evidencias científicas ponen de relieve algunas de las propiedades más ventajosas y a la vez costosas del organismo: su capacidad de automatismo, su inercia y sus necesidades. El cerebro en particular, y el cuerpo en general, están sujetos a procesos físicos y químicos que delimitan su actividad, y de los cuales dependemos. No podemos volar como las aves ni correr como un guepardo, y tenemos habilidades que otras especies no disfrutan. Dependemos de las capacidades del cuerpo, tal y como vemos aquellos que hemos estudiado las consecuencias de un daño cerebral adquirido o de una enfermedad neurodegenerativa. Por ejemplo, una lesión cerebral en las áreas motoras nos hará ser incapaces de ejecutar un movimiento. Ser consciente de que dependemos de lo orgánico a mí me ha permitido observar mis reacciones y respuestas mentales desde una perspectiva de actriz pero también de espectadora. «Vivir y ser vivido», decía el filósofo Sri Nisargadatta.

En el laboratorio he podido estudiar y analizar la actividad espontánea del cerebro y he podido ver cómo influye en la ejecución de cualquier tarea. Aquellas imágenes de cerebros activándose, ajenos a la voluntad de su propietario, resonaban en mí cuando leía en libros de meditación la propuesta de separarse de los propios pensamientos, de considerar los estados mentales como películas que se proyectaban ante mí. Incorporar a mi mente la idea de "ser vivido" por mi cuerpo no solo supuso un alivio de responsabilidad sino que me abría la posibilidad de llegar a conocerme, de estudiar el comportamiento de mi cerebro como tantas veces hacía en el laboratorio con el cerebro de otros. Aunque esta vez con la peculiaridad de ser una investigación capaz de cambiar lo investigado. El poeta Píndaro de la Grecia clásica decía que somos como hemos aprendido a ser, no como somos. «Llega a ser lo que eres», recitaba el sabio.

A lo largo de más de veinte años de trabajo como neurocientífica he podido participar en proyectos de investigación centrados en el estudio de la plasticidad neuronal, es decir, la propiedad del cerebro de transformarse mediante el aprendizaje. Durante más de diez años trabajé en un proyecto sobre la recuperación del daño cerebral debido a traumatismos craneoencefálicos. En esos estudios analizamos el beneficio que supone el apoyo neuropsicológico a la reorganización cerebral. Es decir, cómo el entrenamiento de las propiedades cognitivas, como la atención o la memoria, favorecen la generación de vías de comunicación entre las neuronas y que finalmente el cerebro se acerque al estado inicial saludable. Con ello pude adentrarme en la inercia del cerebro y en reparar en que el cerebro tarda un tiempo en pasar de un estado a otro. Esto es algo que experimentamos no solo ante la recuperación de una lesión, sino en el día a día. El cerebro requiere de una transición durante el cual arrastra su estado anterior. Esto se llama inercia cerebral. Esa inercia nos ayuda a involucrarnos en una situación, por ejemplo favorece nuestra creatividad cuando llevamos un tiempo dando vueltas a una idea. Pero también nos predispone a una respuesta equivocada si estamos sumergidos de lleno en una discusión. En neurociencia se dice que la dinámica cerebral presente predispone la respuesta neuronal futura generando expectativas.

Hace años mi madre fue a un espectáculo del grupo cómico Les Luthiers en Madrid, y me contaron que cuando en la sala comenzaron a apagar las luces ella ya se estaba riendo. Se levanta el telón y se ve a Martín tumbado sobre las vías de un tren mientras Tato se acerca y le pregunta «¿Qué hace usted ahí?». «Me ha dejado la novia», lloriquea Martín. «Vaya, ya le podría haber dejado en otra parte», dice un contundente Tato. Mi madre casi se cae de la silla.

Poco después, me acompañó a la consulta del dentista aquejada yo de un fuerte dolor. La enfermera nos informó de que el doctor estaba aquel día tremendamente ocupado. Creo que no hay nada más estresante para una madre que ver dolorida a una hija. Cuando el doctor salió a vernos, mi madre casi le arranca el cuello, a pesar de que el amable doctor venía a informarnos de que me recibiría en el tiempo que tenía para comer.

El cerebro se queda apegado al estado previo. Apego es una palabra ampliamente utilizada en la comunidad budista. La Universidad de Lyon es referente internacional en sus estudios de neurociencia de la meditación de compasión y altruismo. Allí trabaja Antoine Lutz, discípulo de Francisco Varela y habitual colaborador de Richard Davidson. Sus experimentos mostraron que la práctica de la meditación nos produce lo que Mathieu Ricard llama desapego neuronal. El cerebro responde ante una situación y cuando esta cesa se desconecta. A Les Luthiers les favorece el apego neuronal pero no sé si pensará lo mismo el pobre dentista.

Reconocer que dependemos de lo orgánico ha alimentado una gran corriente en el mundo científico que considera al cerebro el generador de la mente. Es uno de los debates más complejos a los que se enfrentan los científicos, que podrían ver sus aspiraciones frustradas al ver incluida esta pregunta entre las cuatro incontestables según el Buda. Las posiciones en torno a este debate oscilan entre aquellas cuya visión del ser humano es profundamente robótica y las que son puramente espirituales. La fundación Mind & Life es una organización internacional presidida por el Dalai Lama y que persigue establecer un puente entre la ciencia y el budismo. Yo tuve la ocasión de asistir a uno de los retiros-congresos que organizan, aquel que se celebró en un convento benedictino situado en Fraueninsel, una isla situada en un enorme lago en Baviera. Fueron siete días de silencio donde se meditaba, hacía yoga y se atendía a los debates de eruditos del budismo y profesores de diferentes universidades. Una de las sesiones giraba en torno a la relación mente, consciencia y cuerpo. Para los budistas, la mente se despliega ante la conciencia pero no forma parte de ella, abogan por la existencia de una conciencia pura. Mathieu Ricard, el científico biólogo y monje tibetano dijo una frase que encendió el debate: «La conciencia es como un espejo que refleja lo que ve». Los científicos enseguida alegaron que no puede existir tal espejo puro que no distorsione lo que refleja. Es decir, el cuerpo da forma a la mente y aún más, la genera, defendía la comunidad académica. Tras una larga y muy enriquecedora discusión ambos sellaron la paz con el abandono de la dualidad, la mente y sus contenidos son dos aspectos de la conciencia. La palabra espejo molestaba a la comunidad científica así que Mathieu Ricard acabó el debate diciendo: «La conciencia pura es la llama que ilumina todos los objetos de su alrededor, incluida ella misma». Un sector de la neurociencia prefiere decir que el cerebro, o cuerpo, "da lugar a la mente", otros mantienen que "la genera". Yo apuesto por "dar lugar" ya que simboliza la dependencia de la mente o consciencia de las condiciones del cuerpo pero elude hablar de generación. Así abandono la dualidad de ser cuerpo o mente y me identifico con la polaridad, que nos lleva a reconocer que cuerpo y mente (o consciencia) son distinguibles pero inseparables, y la belleza reside en la relación entre ellos.

Cuando decimos que la mente se asienta en el cuerpo, siempre nos hemos referido en este texto al cerebro, ya que desde hace unos pocos siglos hemos considerado a este órgano el único capaz de dar lugar a la mente. Sin embargo, afortunadamente, esta década está siendo la de la revolución científica que devuelve el protagonismo al resto de los órganos. Ya hemos visto cómo la ciencia ha reconocido la influencia de la respiración en la atención, y cómo el corazón está volviendo a un trono que nunca debió abandonar. Son muchas las voces científicas que sitúan en el corazón la puerta de la percepción. Pero quizás la influencia más conocida del cerebro sea el intestino, al que se le ha llegado a llamar el regulador del estado de ánimo. Hoy sabemos que los millones de microorganismos que habitan nuestro colon tienen una fuerte potestad sobre la dinámica neuronal. Pero también al revés, desde el cerebro se puede controlar el estómago e intestino. El descubrimiento de esta vía ha abierto la puerta al estudio científico de programas basados en meditación o actitud atenta para diversas alteraciones digestivas. Si importante es lo que suceda dentro del cuerpo, imprescindible es lo que pasa en su estructura. La postura de nuestro cuerpo es fundamental para la interpretación que hace nuestro cerebro de cada situación. Estar encogido conlleva dinámicas neuronales propias de tristeza o abatimiento, con el consecuente deterioro de la memoria. Por ejemplo, en las escuelas zen de meditación se habla de "zazen", meditar sentado. Somos también nuestra postura. Hasta tal punto es importante, que la zona del cerebro más involucrada en la idea que tenemos de nosotros mismos es también la zona que procesa la postura corporal. Algunos experimentos sugieren que la postura mental y la corporal son lo mismo. Será fantástico ver cómo la ciencia nos devuelve a la idea de que somos un cuerpo entero, el cuerpo como un todo fruto de la interacción de sus partes. Idea que nos ha acompañado durante siglos.

Hasta ahora he argumentado que dependemos de las características anatómicas y bioquímicas del cuerpo, y que además su dinámica responde a unas leyes establecidas por el aprendizaje cultural y personal, con la suerte de que esa legislación es negociable. El cerebro va a tender a hacer aquello a lo que ha estado acostumbrado. Si dejamos caer agua por un monte, ésta tenderá a recorrer el camino más profundo. Lo mismo pasa con la información que transita el cerebro. Tenderá a tomar el circuito neuronal más consolidado por el hábito. No es tarea fácil reeducar al cerebro a tomar un circuito frente a otro, pero es una capacidad más que reconocida por la neurociencia. Lo voluntario frente a lo involuntario. Si para William James la herramienta para tomar posesión de nuestra mente es la atención, la neurociencia podría argumentar (siendo muy ambiciosos) que es también la herramienta para tomar posesión del cerebro. O al menos para revisar parte de sus leyes. La neurociencia de la meditación ha permitido devolver a la intención un papel protagonista en la biología. Hemos visto que aprender a familiarizarse con los propios estados mentales y aprender a dar cuenta de ello permite acentuar esas propiedades en el cerebro. Mi estudio de los mecanismos cerebrales que acompañan a la meditación me han llevado a pensar que meditar es una propiedad que todos llevamos ya dentro, no una técnica que se aprenda. Los circuitos neuronales involucrados en ella se refuerzan, no se crean.

He tenido el privilegio de crecer cerca de un tío materno al que llamamos maestro, no solo por su erudición, sabiduría e infinita bondad sino por acarrear una trayectoria de meditación de más de cuarenta años, día trás día. Ante tal referencia, a veces me he sentido avergonzada al afirmarme como meditadora. Sin embargo mis investigaciones me han hecho reconocer la importancia de practicar la meditación de una forma mucho más moderada, no hace falta llegar a ser un maestro.

Son numerosos los estudios que muestran que a las pocas semanas de comenzar a meditar se producen cambios sustanciales en el cerebro, que iremos consolidando con la práctica más prolongada. Pero además se evidencia que la práctica informal, es decir aquella que realizamos cuando somos conscientes de la experiencia vivida sin estar sentados en el cojín de meditación, produce una reorganización cerebral. Cada vez son más numerosos los experimentos que giran en torno a personas que meditan un rato al día, en detrimento de las investigaciones que estudiaban a reconocidos monjes o ermitaños. Los resultados que nos llegan de los estudios realizados en los laboratorios representan para mí una llamada a vivir la experiencia con más consciencia sin más pretensiones y según lo que dicen las estadísticas es el modo vital que mayor bienestar nos aporta. Recuerde el lector los experimentos de Harvard que invitaban a realizar la tarea que se estuviera haciendo en cuerpo y mente. Si barres, barre. Si lees, lee. Si escribes, escribe. Si sufres, sufre. Y si disfrutas, disfruta, se podía concluir de aquel estudio. Para ello el principal ingrediente es aprender a dar cuenta, reforzar en nuestro cerebro la red neuronal formada por la corteza cingulada anterior y la ínsula que actúan como una suerte de espejo en el que se mira el cerebro, y que según indican los estudios a veces ese cerebro queda empañado por la ensoñación o por la falta de costumbre de mirarse.

Aunque el célebre Crick y parte de la comunidad científica defiendan que la libertad es una ilusión, yo definiría la intención derivada de dar cuenta de uno mismo como la expresión de la libertad. Podemos elegir entre ser y estar.

El debate de la relación mente y cuerpo fue elegantemente tratado también por el filósofo Henri Bergson, para quien el cuerpo representa la necesidad y la conciencia la libertad. Para él, la vida es la libertad insertándose en la necesidad y volcándola en su provecho.

Acabo de escribir este libro en la librería La biblioteca de Babel de Palma de Mallorca, un espacio cultural regido por un catedrático de filosofía tan irónico como noble. Galardonada como una de las librerías más bellas de España, este espacio casi escondido entre los muros del casco antiguo podría ser la herencia de las escuelas mediterráneas que invitaban al estudio y al debate, a la reflexión y al crecimiento y a saborear la vida. Para ser una de esas escuelas socráticas del mediterráneo solo le faltaría un cartel en la puerta que dijera: "Conócete a ti mismo".

BIBLIOGRAFÍA

— BREWER A, JUDSON; WORHUNSKYA, PATRICK; GRAYB, JEREMY; TANG, YI-YUAN; WEBERD, JOCHEN; KOBER, HEDY (2011), *Meditation experience is associated with differences in default mode network activity and connectivity*. Proceedings of the National Academy of Science of the United States of America, 108(50).

— BUZSÁKI, GYÖRGY (2011), *Rhythms of the Brain,* Oxford University Press.

— CHALMERS, DAVID (2013), *La mente consciente. En busca de una teoría fundamental*, Gedisa editorial

— CHÖDRÖN, PEMA (2019), *Cuando todo se derrumba. Palabras sabias para momentos difíciles*, Alfa Omega editorial

— CRAIG, ARTHUR (2009), *How do you feel — now? The anterior insula and human awareness*, Nature review Neuroscience 10(59)

— DÁMASIO, ANTÓNIO (2018), *El error de Descartes: La emoción, la razón y el cerebro humano*, Booket

— DOR-ZIDERMAN, YAIR; BERKOVICH-OHANA, A.; GLICKSHON, JOSEPH; GOLDSTEIN, ABRAHAM (2013), *Mindfulness-induced selflessness: A MEG neurophenomenological study*. Frontiers in human neuroscience, 7(582)

— HÖLZEL, BRITTA; LAZAR, SARA; GARD, T.; SHUMAN-OLIVIER, ZEV; VAGO D.R..; OTT, U. (2011), *How Does Mindfulness Meditation Work? Proposing Mechanisms of Action From a Conceptual and Neural Perspective*. Perspectives on Psychological Science 6(6) 537–559

— KABAT, ZINN; WILLIAMS, JHON (2010), *Mindfulness. Su origen, significado y aplicaciones,* Kairós
— KABIR, SINGH (2000), *Poemas místicos,* Ediciones Obelisco
— KAVAFIS, KONSTÀNTINOS (2007), *Poesía completa,* Alianza editorial
— KILLINGSWORTH, MATTEW A.; GILBERT, DANIEL T. (2010), *A wandering mind is aun unhappy mind,* Science, 330
— RAMÓN Y CAJAL, SANTIAGO (2017), *Charlas de café. Pensamientos, anécdotas y confidencias,* Fondo de Cultura Económico
— SINGER, WOLF; RICARD, MATTHIEU (2018), *Cerebro y meditación, diálogo entre el budismo y las neurociencias* Kairós
— TANG, YI-YUAN; LU, QILING; GENG, XIUJUAN; STEIN, ELLIOT A.; YANG, YIHONG; POSNER, MICHAEL I. (2010), *Short-term meditation induces white matter changes in the anterior cingulate.* Proceedings of the National Academy of Science of the United States of America, 107(35)
— TANG, YI-YUAN; HÖLZEL, BRITTA; POSNER, MICHAEL I. (2015), *The neuroscience of mindfulness meditation,* Nature review of Neuroscience, 16(4):213-25

La decimoquinta edición de este libro se terminó
de imprimir en Madrid
en el mes de julio de 2025